God's Answers to Life's Difficult Questions

破解人生难题

12个圣经榜样人物给你答案

吴苏心美 / 译

畅销书《标竿人生》作者

华理克 Rick Warren / 著

上海三联书店

谨将本书献给

马鞍峰教会的会众。

他们如饥似渴地

寻求神话语的实际教导。

他们专心听道，用心行道，

我很荣幸能够作他们的牧师。

目 录
CONTENTS

译者序

我先生吴志坦牧师在美国加州洛杉矶正道神学院攻读教牧博士期间,于1997年五月中旬参加了华理克牧师主讲的"健康教会增长研习会",会后除了买华牧师脍炙人口的《直奔标竿》(*The Purpose Driven Church*)外,也买了他分别于1985年和1990年写的两本书 *Answers to Life's Difficult Questions* 及 *The Power to Change Your Life*。研习会之后的那个礼拜天,我们带着当年五岁的女儿去加州橙县的马鞍峰教会,参加主日崇拜和儿童主日学。当时除了对他们能够同时间服事几千以至上万成人和儿童却又井然有序的组织力敬佩有加之外,对华牧师深入浅出、有道有路的讲道信息,更是印象深刻。

今年(2012 年)初,基督使者协会出版部经理问我可不可以翻译书,我一看书名,竟然就是我先生在十五年前买的那两本书,只是 2006 年书名改为 *God's Answers to Life's Difficult Questions* 及 *God's Power to Change Your Life* 重新再版,内容几乎没有什么差别。

我内心自忖:二十多年前写的书会对二十一世纪的现代人有用吗? 在这个瞬息万变的世代,还会有什么历久弥新的道理可言吗? 没想到我一章一章翻译下来,发现《破解人生难题》(*God's Answers to Life's Difficult Questions*)这本书,讲的都是我感同身受的事情,而我之所以会有这些体会,是因为这三十多年来历经久婚不孕、领养小孩、罹患乳癌、先生家族遗传小脑萎缩症发病、被迫提前退休等等遭遇。我对写作时才三十出头、且刚开始牧会的华理克牧师,竟然能够讲出这么多似乎历尽人生沧桑才会感悟出来的"老人言",觉得很不可思议。

但我再进一步思量才发现,华理克牧师之所以能够在二十多年前就讲得出针对现代的你我这么切身的真知灼见,就是因为他是从两千多年前的圣经人物取材，而他从中所领悟的，不是"人的道理"，而是"神的真理"；正如他自己在前言所说的："神的话语经得起时间考验，它对今日的我们和几千年前的古人一样切身而实用；它涵盖了我们人生中最难解问题的答案。"

品读华牧师的这本著作，就像我十五年前那次听他讲道一样的感受：深入显出、有道有路！你可以自己阅读，用来做一对一或小班的门徒训练，或是陪着你关爱的亲朋好友一起阅读，也可以和读书会的会员、查经班的成员、团契的契友、主日学的学员、小组的组员共同阅读，并讨论分享每一章最后"思想化为行动"的两个问题。

无论你的年龄大小、学历高低、灵命深浅、经历多寡、境遇好坏，一定都可以从阅读和实践这本书的教导，一生受用无穷。愿神亲自透过这本书向你说话！

吴苏心美谨识于

奥地利维也纳

前　言

今日坊间有许多强调"自我提升"的著作,提供让人变得更为完美的方案。根据统计,美国人每年会花大量的金钱,找寻解决人生问题的实际办法;许多人会一而再地追随流行的时尚,到处探求养生妙方、难题破解秘笈等等。

很不幸地,在现今的世代,大多数的忠告都是来自电视、收音机以及书刊杂志,极不可靠;它们多半根据大众的意见和当今的思潮,里头存在许多问题。今年热门的心理学学说,到明年就会被新的见解或新的疗法取而代之。

耶稣说:"你们必晓得真理,真理必叫你们得以自由"(约八 32)。我们若要从郁闷中得到解脱,就要将人

9

生建立在圣经的真理上；惟有圣经能够全然可靠地提供真知灼见，让我们洞悉症结、矫正问题。神的话语经得起时间考验，它对今日的我们和几千年前的古人一样切身而实用；它涵盖了我们人生中最难解问题的答案。

然而，重要的是，基督徒不能单单说："圣经就是答案！"这还不够；我们要以行动来证明圣经如何解答人生的问题。我在这本书里面，根据神的话语，为你可以采取的实际步骤和特定行动提供了建议；这会帮助你克服每个人都会面对的共同问题。大布道家慕迪(D. L. Moody)曾经说："圣经不是用来增加我们的知识，乃是用来改变我们的人生。"

耶稣教导人的心意和目的，是要听道的人能够"照着去做"，并采取行动和委身。你会在这十二章的探讨里面，找到简单的方法，将神的真理应用在你的生活、家庭、人际关系以及工作上；你若要从这本书中得到最多的收获，那就去身体力行！

圣经里面为什么记载这么多人物传记故事？使徒保罗说："从前所写的圣经都是为教训我们写的，叫我们因圣经所生的忍耐和安慰可以得着盼望"（罗十五4）。神给我们这些人物的生活实例，有两个原因：

第一,为了教导我们功课。聪明的人会从自身的经验学到教训,然而,更聪明的人会从别人的经验学习功课,来少受点痛苦!我们将圣经人物的事迹所例证出来的原则加以应用,就可以避免重蹈覆辙,或付上昂贵的代价。

第二,为了鼓励我们上进。神选用普通人来完成祂的计划,而不去看他们的软弱、失败以及不单纯的动机;这个事实带给我们鼓励和希望,让我们知道,神也能够在我们的人生中动祂的善工!

我的祷告是,你从这些圣经人物的探讨,可以在人生中产生两个结果:学到神使人成功度日的法则;相信神能够充满意义地使用你。

第一章

我要如何对付压力？

耶稣经常处在沉重压力之下，祂的时间总是被人们无止境的要求所占据；祂几乎没有任何个人隐私；祂时常受人打扰；祂一再被人误解、批评、讥笑；祂所承受的巨大压力，换作我们任何人都会崩溃。

然而，当我们查看耶稣的生平，很快就会发现，祂在压力之下仍然能够平心静气。祂从未形色慌张，始终从容不迫；祂的生命中有一股宁静的力量，使祂能够面对巨大的压力。祂是怎么做到的？答案很简单：耶稣有祂"管理压力"的原则，我们若是能够从祂身上学习这几个原则，应用在生活中，就会减轻压力，也会更加平静。

■ 确认身份：知道你是谁

耶稣说："我是世界的光，跟从我的，就不在黑暗里走，必要得着生命的光"（约八12）；"我就是门"（十9）；"我就是道路、真理、生命"（十四6）；"我是好牧人"（十11）；"我是神的儿子"（十36）。耶稣知道祂是谁！

> 管理生活压力的首要原则是"知道你是谁"，这是确认身份的原则。

管理生活压力的首要原则是"知道你是谁"，这是确认身份的原则。耶稣说："我知道我是谁，我为自己作见证"（参看约八18）。在管理压力上，这一点很重要，因为你若是不知道自己的身份，别人就可能试图来告诉你，他们认为你是谁；你若是不知道自己的地位，就会下意识地让别人来操纵你，并施压给你去相信你是什么人。

生活中的许多压力，常常源于我们躲在面具背后、过着两面人的生活、不以真面目示人，或是学着去作某个"不是你"的人；而"缺乏安全感"也会制造压力，让我们觉得被迫去表现和顺应。当我们为自己的生活设定不实际的标准，在经过一而再的努力还是达不到这些标准时，自然就会产生紧张和压力。

消除压力的首要方法，就是要对"我是谁"有平衡的心态；我们需要经由认知"我属谁"来得知"我是谁"。我是神的儿女；我不是意外来到世上，而是为某个目的而生；我是神所挚爱、是祂所接纳的人；神对我的人生有一个计划，祂把我放在这里，我就有存在的意义。

要对付压力，必须先知道自己是谁；处理好这个问题后，就不会受缺乏安全感所困。

奉献委身：知道你要讨谁喜悦

我们在约翰福音五章 30 节看到耶稣管理压力的第二个原则："我凭着自己不能作什么，我怎么听见就怎么审判。我的审判也是公平的；因为我不求自己的意思，只求那差我来者的意思。"这就是"知道你要讨谁喜悦"的原则。

你无法讨好每一个人，因为某一群人喜欢你的同时,另一群人可能对你不满;即使是神,也没有讨好每个人,所以,想要做甚至连神都做不到的事情,就很愚蠢了!

耶稣知道祂要讨谁喜悦,祂已经确定这个课题的答案:"我要讨父神喜悦!"天父的回应是:"这是我的爱子,我所喜悦的"(太三 17)。

当你不知道要讨谁喜悦时,就会有三种心态:吹毛求疵(criticism,因为你介意别人的看法);明争暗斗(competition,因为你担心别人会占上风);冲突抵触(conflict,因为你遭到反对时觉得受威胁)。我若"先求神的国和神的义",那么生活中所需要的其他东西,都会加给我了(太六 33)。这个意思是说,若是我重心放在讨神喜悦,生活就会单纯化;我始终会做对的事情、做讨神喜悦的事情,而不管别人怎么想。

我们喜欢把自己的压力怪罪在别人身上:"都是你让我这么生气……,我必须这么做……,我不得不这么做……";事实上,除了我们的工作以外,生活中很少事情是非做不可的。我们说"我必须这么做、我一定要这么做、我不得不这么做"时,可能真正说的是:"我选择这么做,因为我不想承担后果!"几乎没有什么人可以迫使我们做任何事，所以不应该把压力怪罪在别人身上。我们觉得有压力，是因为**选择**让别人施压与我；除非你**容许**，否则别人无法施压与你。

有条不紊：知道你要完成什么

管理压力的第三个原则是"知道你要完成什么"。耶稣说："我虽然为自己作见证，我的见证还是真的；因我知道我从哪里来，往哪里去"（约八

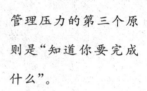

管理压力的第三个原则是"知道你要完成什么"。

14）；耶稣知道祂要完成什么事情。除非你为自己的生活作计划，并设定优先次序，否则你会被别人压迫去做他们认为重要的事情。

你的每一天若不是照你的优先次序过生活，就会无从选择地在压力下过生活；你或是由自己决定人生中重要的事情是什么，或是由别人来替你决定。

我们很容易在紧急的压迫下打转，等到时日将尽，你回想："我真的完成了什么事情吗？我花许多精力做

许多事,但到底完成了什么重要的事?"忙碌未必会有成果,你可能是在原地打转,却一无所成。

"预备"会使你从容不迫;换句话说,"预备"会避免压力,"拖延"则会制造压力。完善的计划和充分的预备会减低压力,因为你知道自己是谁、你知道要讨谁喜悦、你知道要完成什么。**有清楚的目标会大大简化生活**,你每天花几分钟在祷告中与神交谈,看看当天的时间表,问自己:"我真的要花一整天在这些事情上吗?我愿意用二十四个小时来交换这些活动吗?"

专心一意:一次专注一件事

你发现自己有时候被牵往不同的方向吗?许多人想要耶稣脱离祂的原定计划,他们想要转移祂生活的目标。"天亮的时候,耶稣出来,走到旷野地方;众人去找祂,到了祂那里,要留住祂,不要祂离开他们"(路四42)。耶稣要离开,但是众人想办法要祂留下。

耶稣对他们说:"我也必须在别城传神国的福音,因我奉差原是为此"(43节)。耶稣拒绝被次要的事情打岔。

管理压力的第四个原则是"一次专注一件事"，这是专注的原则，耶稣是这方面的高手。似乎每个人都想要干预祂，都有对祂的第二个计划，但耶稣回答说："对不起，我必须继续朝向我的目标前进。"祂继续做神吩咐祂做的事：传扬神国的福音；祂有决心、祂坚持、祂专注。

我桌上有三十件要做的事情时，我会清理桌面，先做一件事情；我完成那件事之后，才拿起另一件事来做。我们无法同时抓住两只活蹦乱跳的大野兔，必须专心抓一只。

分散力气就会丧失果效，集中力气就会增强果效；分散的光线只能产生朦胧的光辉，聚焦的光线足以使物体达到燃点。耶稣没有让这些干预来阻止祂专注目标，祂没有让别人来制造紧张、压力或怒气。

勇于授权：不要什么事都自己做

有一天，"耶稣上了山，随自己的意思叫人来，他们

> 管理压力的第五个原则是"不要什么事都自己做",这是授权的原则。

便来到祂那里"(可三 13)。耶稣指派十二个人作使徒,让他们跟祂在一起,并差派他们去传道;换句话说,耶稣分授权柄。管理压力的第五个原则是"不要什么事都自己做",这是授权的原则。

我们为什么会紧张不安? 因为认为每件事都要靠自己去做。"我,阿特拉斯(Atlas),支撑着这个世界的照管工作,所有的责任都担在我的肩头上。我若是不小心放手,这个世界就会崩溃!"然而,我们真的放手时,这个世界并不会崩溃! 耶稣招募和训练十二个门徒来分担祂的重担;祂把工作分授给门徒,让他人参与。

我们为什么不愿意授权? 不愿意让别人参与? 为什么想要自己做所有的事情? 有两个原因,第一个是**完美主义作祟**。我们认为:"我若是想把工作做好,就要自己做!"这是很好的想法,但通常不管用,因为实在有太多事情需要完成,我们就是没有时间事必躬亲。当你说:"没有人,就是没有人可以像我做得那么好",

这真的是一种很自负的心态。

你认为耶稣能够比门徒把事情做得更好吗？当然！但即使祂可以做得更好，祂还是让门徒去做。我们需要让别人犯一些错误，让他们可以学到该学的功课；不要剥夺别人受教的机会！

我们不愿意授权的另一个原因是缺乏**安全感**；"我若是把这个责任交给某人，而他做得比我好，后果会怎么样？"这是一种威胁！然而，你若是知道自己是谁、要讨谁的喜悦、要完成什么事以及要专注的一件事，就不会受那种可能性的威胁。为了更有果效，你**必须**让别人参与；因为你若要有效率地完成事情，就只能一次专注一件事。

沉思默想：养成个人祷告习惯

耶稣经常在"天未亮的时候，起来到旷野地方去，在那里祷告"（可一35）。管理压力的第六个原则是"养成个人祷告习惯"；这是默想的原则。**祷告是巨大的解压器**，是神所赐的工具，用来消除焦虑。耶稣无论有多么忙碌，都习惯花时间与神独处；若是耶稣那么忙碌都还要找时间祷告，你和我岂不更需要祷告！

一小段与神独处的安静时间，会成为我们生活上的解压室。我们可以在祷告中与神交谈，告诉祂心中所想，让祂在我们读圣经时向我们说话；然后看看自己的时间表，评量优先次序，等候祂的指示。（我在《华理克读经法》〔Rick Warren's Bible Study Methods〕一书中，详细说明了如何培养和持续每日灵修的习惯。）

我们的许多问题来自于坐不住，不知道如何安静下来；大部分的人都无法在车子里静坐五分钟，而不去打开收音机。

你若是走进屋子，发现只有自己一个人，你会做的第一件事情是什么？你可能会打开电视机或光碟机，因为屋里安静得让你感到不自在。然而神说："你们要休息，要知道我是神"（诗四十六 10）。许多人没有单独地认识神，因为他们静不下来，他们太过忙碌，以致无法安静和单纯地思考。

有个人曾经说："人似乎有个可笑的习惯，他愈是迷路，愈会加速前行"——就像第二次世界大战时，有位空军飞行员飞越太平洋，在他收到无线电时，飞航管制员问他:"你在哪里?"飞行员回答:"我不知道,但我正在破飞行纪录!"许多人就像这位飞行员,他们快速冲过一生,却不知道自己要往哪里去。我们要学像耶稣,清晨以祷告作为开始,然后在一天当中定时停下来再次祷告,重新为灵命的电池充电。

休闲娱乐:拿出时间享受人生

有一次,耶稣的十二个门徒聚集在祂身边,将他们一切所做的事、所传的道,全都告诉祂。"祂就说:'你们来,同我暗暗地到旷野地方去歇一歇',这是因为来往的人多,他们连吃饭也没有工夫"(可六 31)。管理压力的第七个原则是"拿出时间享受人生",这是放松和休闲的原则。耶稣看到这些门徒辛苦工作却没有调剂,便说:"你们今天应该暂停,让我们休息一下,拿出时间来放松放松。"所以他们就坐上船,摇橹到湖的另一边,去旷野休息。

管理压力的第七个原则是"拿出时间享受人生",这是放松和休闲的原则。

耶稣之所以能够处理压力的一个原因就是,祂知道什么时候需要放松;祂经常或到山上或到旷野去,就是为了要放松。

生活中的休息和休闲并非是可有可无,事实上,休息是这么重要,以致神把它放在十诫里面。安息日是为人而设,因为神知道我们身心灵的构造需要定时休息。耶稣能够在压力中生存,是因为祂懂得享受人生。马太福音十一章 19 节是我很喜欢的一节经文,《腓力普斯现代英语新约》(*J. B. Phillips, The New Testament in Modern English*)把它意译为,耶稣来世界上"享受人生"。保罗写到神是"那厚赐百物给我们享受的神"(提前六 17);平衡的生活是管理压力的一个关键。

■ 更新变化:将你的压力交给耶稣

耶稣不需要管理压力的第八个原则,因为祂是神的儿子,但我们需要,因为我们只是凡人。耶稣说:"凡劳苦担重担的人,可以到我这里来,我就使你们得安息；我心里柔和谦卑，你们当负我的轭、学我的样式；这样，你们心里就必得享安息。因为我的轭是容易的，我的担子是轻省的"（太十一 28～30）。所以，管理压力的最后一个原则是"将你的压力交给耶稣"；我们除非与这位和平之君有关联，否则永远无法享受完全的内在平安。

耶稣并**没有**说："到我这里来，我会给你更多的愧疚、更多的重担、更多的压力、更多的忧虑"——有许多人就是这么教导的！有些教会倾向于给人施压，而不是帮人解压。但耶稣说："我要赐给你**安息**，我是为你纾解压力的那一位；当你与我有和谐的关系，我会赐给你内在的力量。"

耶稣能够将你充满压力的生活改变为称心如意的生活；我们压力的最大来源，是想要与创造我们的那位神分开，过自己的生活、走自己的道路、作自己的神。

你需要什么？你若是从未将自己的人生交给耶稣，你需要更新而变化；你要将自己生活中所有的压力交给祂，跟祂说："主啊，求祢赐给我新的生命，用祢所赐的平安来取代我所感受的压力，帮助我遵循祢管理压力的原则。"

思想化为行动

1. 在这八个原则里面,有哪两三个原则显然是你现在最需要处理的?

2. 请订出下周之内你要开始简化生活的三个具体方法。

第二章

我要如何败部复活？

我们都会犯错，有时候甚至犯下相当严重的错误，然而，失败乃是成功之母；我们从彼得生平中的一个事件(路五1～11)看到了这个美好的真理。有一次，彼得和同伴整夜出海打鱼，却一无所获；这对彼得是异乎寻常的，因为他是专业的渔夫，绝对不是新手。彼得可能拥有最好的渔网、最好的渔船，而且对哪里可以捕获最多的鱼，了然于心。但他这次整夜劳力，为着赖以维生的收入打拼，却徒劳而返；这就像超级球星有时候也会被三振出局一样。

隔天，渔夫们在岸边清洗渔网，既疲累又丧气。那时，耶稣来到他们当中，对彼得说："我想借用你的渔船来讲道。"彼得让耶稣上船，把船撑开，稍微离岸，这样耶稣就可以站在船上向岸边的群众讲道。

耶稣讲完道，对门徒说："我们去打鱼吧！把船开到水深之处，下网打鱼。"彼得回答说："夫子，我们整夜劳力，并没有打着什么；但依从祢的话，我就下网。"门徒顺服的时候，就圈住许多鱼，渔网险些裂开。

全力以赴仍差一截

这个故事告诉我们哪些关于失败的事呢？耶稣行神迹都带着目的，祂总是以神迹为例来说明原则。这个事件教导我们，在我们全力以赴却仍然差那么一截时，该怎么办。

我们极其用功地准备考试，却只拿到"C"；我们极为努力地经营婚姻，却看不到改善；我们觉得活得很辛苦，很想放弃，心里一直嘀咕着："这有什么用呢？这有什么差别呢？我只会更失败而已！"

这个圣经故事很有趣的部分，在于这两次捕鱼之间的对比。起先门徒整夜劳力，并没有打着什么，但后来他们再次出海，十分钟之内就捕获了超过以往所得。

这是同样的湖、同样的船、同样的网、同样的人在捕鱼，所以，到底差别在哪里呢？

这两次捕鱼之间其实有三个差别，而这三个差别指出，我们尽力尝试却最终失败时，应当遵循什么原则来败部复活。我相信，任何人在生活中应用这些原则时，就会获得真正的成功；神让这些原则浅显易懂，是要我们每个人从中得益。

不过，你首先必须了解，神关心你的成功，祂不喜欢看到你失败。假如我的女儿爱蜜有天跟我说："爸，我的生活一塌糊涂，我的事情一团混乱，我的问题一如既往，办事一无是处，做人一败涂地，个性一成不变！"

我会这么回答她吗？"哦，我很高兴你跟我这么说！我听了很开心！"当然不会！身为父亲的我，希望我的儿女成功，希望他们成为最优秀的人；同样，你的天父也希望你在个人的生活、家庭、灵性以及人际关系上成功。路加福音五章的这段经文里面，有三个原则可以帮助我们成功。

人生中享有神的同在

——❦——

成功人生的第一个原则在于"你必须有神的同在"。

——❦——

我们在五章 3 节看到第一个原则：耶稣与门徒同在船上。耶稣的同在带来极大的差别！这次门徒并不是自己去捕鱼，而是耶稣与他们同往。成功人生的第一个原则在于"你必须有神的同在"。换句话说，你必须先让耶稣进入你的船内。没有什么事比你在人生中是否享有耶稣的同在，更影响你个人的成功。对彼得而言，他的船代表他的生计；当你是渔夫时，那艘船就是你的职业！彼得让他的船随时任耶稣使用，这是很重要的事情；**耶稣用彼得的事业作为服事的平台。**

神能够进入你的工作吗？祂可以随时使用你的职业吗？祂可以透过你的工作来服事他人吗？太多时候，我们想把"世俗"和"属灵"分开，想把基督徒的生活与我们的职业划分；然而，这会拦阻神赐福你的事业或工作。事实上,神会赐福你奉献给祂的任何东西,你若是将全部的生命奉献给祂,祂就会赐福你人生的每个层面;你若是只奉献一小部分给祂,祂就只会赐福那一部分。

有位公司的总裁告诉我,他邀请耶稣来参加他们每一次的董事会。他说,董事们因此很少犯错,在作困难的决定时也很安心。

有耶稣在船上,会消除你对失败的恐惧,也会减少你对结局的焦虑。彼得请耶稣作他的捕鱼伙伴时,结果就令人难以置信:他捕获更多的鱼,超过从前靠自己的努力所得。然而,我们不要弄错次序;彼得先是让耶稣用他的船来讲道服事众人,接着,耶稣在使用这艘船之后,就照顾了彼得的需要。

神应许我们若先求祂的国和祂的义,这些(其他的)东西都要加给我们(太六 33)。这个意思是不是说,我若把全部的生命奉献给耶稣,在每方面都让祂居首位,祂就会赐福我所有的一切? 是的,那就是神对你的应许!

与神的计划合作

我们在五章 4 节看到第二个原则：与神的计划合作。门徒第二次出海打鱼，他们在耶稣的指示下打鱼，遵照祂的吩咐。我们不仅要在人生中享有神的同在，也要与神在我们人生中的计划合作。耶稣告诉门徒要在哪里打鱼、什么时候打鱼以及如何打鱼；当神在引导你的生命，你就不会失败。正如已故的福音歌手爱瑟儿(Ethel Waters)说过的："神不赞助失败。"

彼得对耶稣的吩咐，态度很好。首先，他没有争论说："等一等，耶稣，我是这个湖上的头号专业渔夫，我的成绩是有目共睹的。祢是谁呀？我还要祢来告诉我怎么打鱼吗?"他也没有质问说："主啊，祢肯定没弄错吗?"他没有问任何问题，也没有犹豫不决。彼得有可能想过，他已经整夜都没有打着什么了，那么在正午艳阳高照水面时，就更不会打着什么了。不过，他并没有问任何问题，只是顺从。

彼得也没有听凭自己的感觉。我敢肯定，他从整夜的劳力中已经疲累不堪，但他并没有说："这有什么用呢？我为什么还要继续下去？"彼得的态度很好，他渴望与神的计划合作。

你认为耶稣为什么会对彼得说："把船开到水深之处"？因为水深之处能捕到大鱼，水浅之处只能捕到小鱼。多半的人都生活在生命的浅水域和肤浅的表面上，他们的生命之所以没有什么深度，是因为他们待在海边玩耍就感到很满足，从来不想涉入深水里头。为什么？因为浅水域比较安全。他们认为："我若是进入深水域，可能会遇到波浪；这些波浪会摇晃船只，我可能会翻船。所以，我只要留在这个安全舒适的地方打发时间就好。"

神在你人生中作工时，你会遇到风险，因为神要你凭信心生活。许多基督徒几乎从未曾把脚沾湿，因为他们害怕踏进去会灭顶。他们认为：

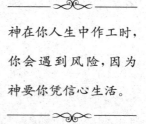

神在你人生中作工时，你会遇到风险，因为神要你凭信心生活。

"我若真的认真委身基督，可能会变成宗教狂，我的家人会很不高兴，我的朋友也会用异样的眼光看我。"所以，他们满足于生活在生命的浅水域，却因而坐失许多良机。

神对你的人生有一个美好的计划,这是一个为你的福祉而有的计划。神说:"让我进到你的船上,让我在你的事业、家庭、婚姻等等各方面,都与你同在;你来与我的计划合作吧!"

■ 期待神的应许

你若要从人生的失败中重新振作起来,就必须抓住神的应许。

我们在五章 5 节看到第三个原则:"但依从祢的话"。你若要从人生的失败中重新振作起来,就必须抓住神的应许。门徒第二次的捕鱼,是根据神给他们的应许来行动;他们再次出海,是因为相信神会供应鱼群。耶稣这时并没有明说:"彼得,你若是跟我去捕鱼,我答应你会有丰收。"祂不用这么说,彼得就已经意识到,当耶稣吩咐他去捕鱼、进到他的船上、准确告诉他在哪里撒网,他就肯定不会空手而回！彼得期待神采取行动和遵守承诺；既然他不是靠自己的能力打鱼，就不用害怕失败，他相信神的应许不会落空！

你的船上有神的同在，你的脑海中有神的计划，你的心里有神的应许，你就不会失败！你会开始预期美好的结果。

在生活中起作用

你可能会说："这听起来不错，不过，你不晓得我的处境有多糟糕；我现在遭遇的困难把我搞得很惨，我过得很难受。"你若是觉得受环境所挫，我来提供你一个解决方法：好好读圣经，从中找出神特定的应许，然后宣告那个应许；你要期待神采取行动，然后就会发现，神的应许会在绝望的景况中注入新的希望。真正的成功通常始于失败的那一刻。

我认识一对夫妇，他们的关系严重破裂，看起来无法弥补。但他们觉得神向他们说："我要你们待在一起，不要放弃！"所以，即使没有什么外在的明证，他们还是采取与彼得同样的态度,说:"主啊,我们已经花很长时间来经营婚姻,虽然没有什么改善,但依从祢的话,我们就坚持下去!"如今,他们的婚姻很美满,两人也一起配搭,在教会中服事。

门徒遵照耶稣的吩咐去做的时候,你看看是什么结果:"他们就圈住许多鱼,网险些裂开"(路五6)。神赐福他们,多到他们几乎应付不过来。当你享有神的同在、愿意与神的计划合作、并期待神的应许时,始终会是这种结果——你所蒙受的福气会超过你所能承受的。事实上,在第7节指出,门徒还要招呼另一只船上的同伴过来帮忙,免得满到船沉下去。这是极为美好的生活方式!

这个重点在于:神不仅要赐福你的人生,祂还要丰丰富富地赐下福气给你,使你还得跟别人分享,免得满到船要沉下去。祂不仅要赐福你,也要透过你赐福那些鱼空网破的人;神赐下福气给门徒,多过他们所需。

彼得对这个神迹是这样地震惊,以致呼喊说:"主啊,我不配得!我是个罪人,祢实在对我太好了!"耶稣对彼得说:"不要怕,从今以后,你要得人了"(10节)。所以,门徒把船靠岸,撇下所有的跟从了耶稣;这个事件成为彼得和其他门徒的人生转捩点。

想想这个捕鱼队上岸后的景象! 门徒竟然把有史以来最大的鱼获撇在岸上,跟从了耶稣! 他们发现,耶稣若是能够施行这样的神迹,就能够做祂想做的任何事情。门徒知道,只要跟随耶稣,他们的需要就不仅得到满足而已,耶稣也会照顾他们往后所需的一切;因此,他们想要与祂有长远的关系,而不只是受一次神迹之惠。随后,耶稣邀请他们参与世界上最伟大的任务:"我要使你们成为得人的渔夫,你们要与他人分享我的好消息!"

与耶稣合作,再试一次

这个故事跟你的人生有什么关联? 你或许觉得自己就像那些遇见耶稣之前的门徒:"整夜劳力却一无所获!"这是你对婚姻、工作或其他个人问题的心态写照吗? 你觉得没有什么改善,所以你对自己说:"这有什么用呢? 为什么还要继续尝试呢? 为什么还要花力气去做呢?"你或许已经有点愤世嫉俗了!

　　彼得并没有愤世嫉俗,他没有说:"主啊,我已经劳力十个小时却一无所获,那就表示这个湖里没有什么鱼了。"彼得知道鱼就在那里,只是他还未捕获而已。

　　你的问题还没有解决,并不代表答案不存在;我们通常是经由失败,学到了帮助我们成功的功课。神给你的信息是:不要放弃,再试一次! 但这次要与在你船上的耶稣一起合作,祂会使一切全然改观!

思想化为行动

1. 你可以藉着小组查经或使用像《经文汇编》这样的圣经辅助工具,针对生活上一个特定的问题,找出圣经中论及这类问题的应许。

2. 什么是你的"船",可以让神用来作为祂工作的平台?

第三章

我要如何胜过忧郁？

在当今世代，"忧郁"是人们最大的问题之一，它已经被称为情绪疾病的流行性感冒。每个人偶尔都会忧郁，但有些人几乎随时都陷在忧郁的情绪里面；不仅穷人或病人如此，即使伟大的圣人也在所难免。先知以利亚就是这样的实例。

以利亚是极为了不起的真神代言人，他有三年时间作神的喉舌，向以色列民说话；他施行各样的神迹，唤起落入外邦偶像崇拜的百姓属灵的觉醒。

以色列国的王后耶洗别极其邪恶，她痛恨以利亚，因为他是神的发言人，具有极大的影响力。以利亚在迦密山上施行一个重大的神迹，求告耶和华从天降火，焚烧祭坛。亚哈王将以利亚所行的一切都告诉了耶洗别之后,耶洗别怒火中烧,便差遣人去见以利亚,告诉他:"明日约在这时候,我若不使你的性命像那些人的性命一样,愿神明重重地降罚与我"(王上十九 2)。她的意思是说:"我若不在二十四小时之内杀掉你,我就杀了自己!"

三年来一无所惧的以利亚,在耶洗别这个妇人威胁他时,竟然害怕起来,逃到旷野去,陷入到忧郁的情绪里面(3~5 节)。他来到一棵罗腾树下,坐在那里求死,说:"耶和华啊,罢了! 求祢取我的性命,因为我不胜于我的列祖。"

你像以利亚那么忧郁吗?

以利亚当时的状态是患忧郁症的典型案例:身体疲累、心力耗尽,还有人威胁要寻索他的性命;他这时是个情绪上软弱无助的人,内心充满害怕、愤慨、内疚、生气、孤单和忧虑。圣经说:"以利亚与我们是一样性情的人"(雅五 17);他和我们一样都有相同的问题,而且此时患上了忧郁症。

　　以利亚忧郁到想要去死。我们之所以会陷入这种情绪的困境,有时候是因为生活中的遭遇造成,但更多时候是因为**错误的思想**所致;事实上,**人的情绪是从思想引发出来的**。你有消极的想法,就会感到忧郁,因为你的情绪是从你如何解释生命而发;你若是从负面的观点来看待人生,就会一直消沉下去。

　　要消除负面的情绪,就必须改变思考方式;圣经说,你可以藉着心意的更新(罗十二 2)来做行为上的改变。要克服忧郁,就必须纠正错误的心态;那是为什么耶稣说,"你们必晓得真理,真理必叫你们得以自由"(约八 32)。从正确的观点看待事情,就不会钻进忧郁的牛角尖,改变心态和情绪的唯一方法,就是改变思考方式。我们来看看到底怎么做。

玩心智游戏

一、不重感觉,而重事实

　　以利亚为什么会忧郁? 因为他玩四种心智游戏,这是所有的人忧郁时都会玩的游戏。我们在列王纪上十九章3～4节看到第一个游戏："以利亚就起来逃命……，来到一棵罗腾树下〔沙漠中的一种灌木〕，就坐在那里求死。"然后，他说的话实际上意思就是："主啊，我已经受够了！我不想再忍受了！我只是在浪费生命！我想办法作祢的忠仆，但是没有人在做对的事情。我烦透了！我再尝试也没有用了！我要放弃了！"

以利亚犯的第一个错误，是我们忧郁时都会犯的同样错误："注重感觉，而不是注重事实"。以利亚因为一件让他害怕的事情，就觉得自己像个失败者。他在想："我真是个懦夫，我干嘛要逃跑？"所以，就因为他觉得自己像个失败者，他就假定自己是个失败者。

这是具有破坏性的"情绪化推理"，是"我觉得是，所以必定是"的错误想法。音乐家、运动家、影视明星等等，都熟悉这种感觉，他们经常在演出后觉得自己很失败；然而，他们也知道必须忽视这种感觉，因为**感觉未必真实**，也不是事实，有时候很不可靠。

举例来说，我跟凯怡结婚几个礼拜之后，有天早上我醒来跟她说："亲爱的，你知道吗，我不觉得我结婚了。"她回应说："老公，你觉不觉得自己结婚了，这无所谓，但你确实是结了婚的人！"

我不是随时都觉得自己跟神很亲近，但这并不代表我远离祂；我不是随时都觉得自己像个基督徒，但我是个基督徒！感觉经常会骗人，所以我们注重感觉而不注重事实，就会陷入麻烦。譬如说，我们在某方面犯了错，就很容易觉得自己像个彻头彻尾的失败者，这是错误的想法。每个人都会犯错，我们可能在某些方面犯了错误，但却未必是个失败者。

大部分的心理学家都认为，人要健康的关键在于：坦白感觉、留意感觉、发泄感觉、说出感觉；但那不是全部的答案，因为感觉并不可靠。圣经没有叫我们追求感觉，而是要我们追求真理，因为真理叫我们得以自由(约八32)。

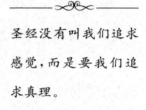

圣经没有叫我们追求感觉，而是要我们追求真理。

二、不要和别人比较

以利亚作的祷告显出他犯的第二个错误："耶和华啊，罢了！求祢取我的性命，因为我不胜于我的列祖"(王上十九4)。忧郁的第二个导因在于"我们和别人比较"；大多数人都落入这种思想的陷阱："我若是能够像某某人,我就会开心了!"

我们和别人比较时,是在自找麻烦,圣经说这既愚昧又伤人(林后十12)。我们不应当和某个人作比较,因为每个人都很独特;你只能作一个人,而那个人就是你!你若总是想要模仿别人、想要像别人那样应对进退,就很容易患上忧郁症。你必须对自己诚实,坦然地作你自己;那是神对你的要求,也是祂对你的期待。

我们和别人比较时,会落入的另外一个陷阱,就是拿自己的弱点比较别人的强项,而忘记自己的强项可能就是那人的弱点。还有,我们用自我批评和自我指责、用"我应该如何如何……"来激励自己;譬如:"我应该能够像那个人、我应该能够做得更好、我应该能够完成这件事、我应该能够阻止这件事发生"——好像口头上的鞭策就能够刺激我们上进! 我们这样唠叨别人时,是起不了作用的;而这样唠叨自己,也是起不了作用的。

三、不要承担错误罪责

以利亚犯的第三个错误,是把错不在他的负面事件拿来责怪自己。以利亚说:"我为耶和华万军之神大

发热心，因为以色列人背弃了祢的约，毁坏了祢的坛，
用刀杀了祢的先知……"（王上十九 10）。他其实是在
说："我已经努力工作了三年，百姓还是没有亲近祢；我
都已经累坏了，他们还过着跟以前一样的生活！"

　　以利亚在忧郁的情绪里面，把他无法改变百姓的
事实，怪在自己头上，当作是自己的错。导致忧郁的第
三个错误，就是"承担错误的罪责"；我们这么做时，就
会忧郁。我们若是把神从未有意要我们承担的事，假
想为自己的责任，就会成为过于沉重的负担。

　　你若是乐于助人，迟早会发现，无论是你的儿女、
朋友、配偶或同工，都不见得会照你期望的那样来回应
你；他们会以各种方式来回应，你不能为他们因此造成
的后果负责。

　　神赐给每个人自由意志，
你若是为别人自己该作的决
定负责，就是在承受一个只会
让你忧郁的重担；你可以影响
别人，但不能控制别人，他们

你不要让无法控制的
事情来陷自己于忧郁
的境地。

自己要作最后的决定。你不要让无法控制的事情来陷
自己于忧郁的境地。

四、不要夸大负面事实

以利亚犯的第四个错误是"夸大负面事实"。他说:"只剩下我一个人,他们还要寻索我的命"(10 节);以利亚自怜地说:"每个人都在反对我!"但事实上几乎没有人反对他,只有一个人在激烈反对他,而这人的威胁并非真正的威胁。以利亚只要用头脑简单想想,而不是听凭自己的感觉,就会知道耶洗别并不敢杀他。这位王后确实差派信使去威胁他,但她若是真的想杀以利亚,就不会先派信使去警告他,只需要派个杀手去就够了!

耶洗别太聪明了,她不会杀以利亚,因为她很知道以利亚对以色列百姓的影响力;以利亚要是被杀,就会成为殉道者,这不仅会增加他的影响力,还可能导致全国人民的革命。除此之外,耶洗别也不敢去碰神的人,以免惹祸上身;所以,她的狠话只是空洞的威胁,她让以利亚逃到旷野,就是因为不是真的想杀他。她只想让以利亚在百姓面前看起来像个懦夫,或是让他离开当地,来阻止他施行更多的神迹。

不过,以利亚并没有停下来评量这个威胁的轻重缓急,反倒是逃之夭夭。**我们忧郁时,很容易夸大负面**

事实，觉得天都要塌下来了、世界末日就要到了；事实上，以利亚并非唯一仍然效忠于神的人，因为在国内还有七千个未曾向巴力屈膝的先知(18 节)。以利亚夸大问题，以致比往日更加消沉。

另一方面，我们也会落入自贴标签的陷阱。我们不是说："我犯错了"，而是说："我是个彻头彻尾的失败者"；我们不是说："哦，我不小心绊倒了"，而是说："我是个大笨蛋"；我们不是说："我吃得太多了"，而是说："我是一只猪"。当我们用一些称号来自贴标签时，只会强化问题，让事情更加糟糕。

▌使用神的疗方

神对以利亚的忧郁症所给的疗方是什么？袖让以利亚做四件事，来解除他的忧郁，这也是我们可以做的事。

一、照顾身体需要

第一个疗方是"照顾身体的需要"。我们读到，以利亚躺在一棵树下睡着了，"有一个天使拍他，说：'起来吃吧！'他观看，见头旁有一瓶水与炭火烧的饼，他就吃了喝了，仍然躺下"（王上十九 5～6）。

耶和华的使者第二次来拍他，说："起来吃吧，因为你当走的路甚远"（7 节）。他就起来吃了喝了，仗着这饮食得了力气。

神对以利亚的忧郁症，最初的疗方是食物、饮水和放松。有时候，一夜的安眠会对你的心境产生奇妙的作用；你在身体疲累、心神耗尽时，很容易落入忧郁的情绪里头。你看神是怎么温柔地对待以利亚，神没有责备他说："你这个懦夫！你在旷野这里做什么？"神也没有奚落他或谴责他，而是给他食物和休息；神让以利亚恢复体力来作为起点；你若是陷入忧郁的情绪，复元的第一步就是恢复良好的身体状态、照顾身体的健康。你或许需要注意日常饮食、你或许需要更多优质睡眠、你或许需要开始健身计划；因为身体健康对情绪有着深远的影响。

二、将挫折交给神

第二个疗方是"将你的挫折交给神"。以利亚"仗着这饮食的力,走了四十昼夜,……进了一个洞,就住在洞中"(8~9 节),清晨时,主耶和华的话临到他说:"以利亚啊,你在这里作什么?"

以利亚回答说:"我为耶和华——万军之神大发热心,因为以色列人背弃了祢的约,毁坏了祢的坛,用刀杀了祢的先知,只剩下我一个人,他们还要寻索我的命"(10 节)。以利亚将内心的感觉全部倾吐出来;神让以利亚发泄压抑的情绪,祂并没有对以利亚的抱怨感到讶异。

神其实是在说:"你生气的时候,就把你内在的情绪告诉我,我已经知道你为什么生气了,我是不会讶异的";祂让以利亚发泄压抑的情绪,而不去批评或责备他。神在倾听我们的心声。通常,把你内在的感觉跟基督徒朋友说出来,会很有帮助;这是情感的抒发,是情绪的净化和发泄,是把所有压抑在心、导致忧郁的东西全都倾倒出来。

以利亚把很多情绪压在心底,你读圣经时会看到他有六种感受:他先是感到**害怕**(3 节),然后感到**怨恚**、**自卑又内疚**:"我已经受够了,我没有列祖作得好"(4 节);他也感到**生气**,因为他那么卖力工作却毫无结果

(10 节);他还感到**孤单**以致绝望:"他们竟然还要寻索我的命"(10 节)。他又有**忧虑**。当你内心兼具害怕、怨忿、内疚、生气、孤单和忧虑的感觉时,不忧郁才怪!

所以,神让他把这些感受通通发泄出来。祂说:"以利亚,让你挫折的是什么? 让你耗尽心力的是什么?"于是以利亚把所有的感受都倾吐出来;而这正是你忧郁时需要做的——把所有的感受都向主倾吐。

三、对神有新认识

第三个疗方是要"对神的同在有新的认识"。神对以利亚说:"你出来站在山上,在我面前"(11 节),因为耶和华要从那里经过。那时,"烈风大作、崩山碎石,耶和华却不在风中;风后地震,耶和华却不在其中;地震后有火,耶和华也不在火中;火后有微小的声音。以利亚听见,就用外衣蒙上脸,出来站在洞口"(11~13 节)。

神用烈风、地震、大火来展现震慑人心的景象,但祂并没有在其中对以利亚说话;以利亚真正注意到的,是神安静、微小的声音。即使在今日,神通常也是轻声细语地对我们说话,而不是在令人震慑的景象中对我们说话；神提醒以利亚，祂仍旧在他的身边。

　　你若是很忧郁，就带着圣经去海边、湖边、公园或乡下林中这些安详、宁静的地方，坐下来读圣经，与神独处。你就是让神来爱你、跟你说话，让神来满足你的需要，也让自己感受祂的同在；没有什么抗忧郁疗方比与神相交来得更有效用。

> 没有什么抗忧郁疗方比与神相交来得更有效用。

四、重获人生方向

　　第四个疗方是"让神赐给你生命的新方向"。耶和华对以利亚说："你回去，从旷野往大马色去，到了那里，作我要你作的事"（参看 15 节）；然后神交付以利亚一个新任务——要他回去工作。胜过忧郁最快速的方法，就是不要坐在那里自怜；你要把眼目从自己身上挪开，开始去看其他人的需要。你可以从事奉中去关心别人，让神透过你将祂的福气给出去；你若老是看自己，就会觉得很丧气。耶稣说："凡为我丧掉生命的，必得着生命"（参看太十六 25）；我们要参与在帮助其他人的事情上。

我们忧郁时很容易这么想："神怎么可能使用我？我这么失败，我一直在犯错，我对自己都失望了，所以，我也一定会让神失望！"然而，**你绝不会让神失望**，因为失望只会发生在"某人期待你作某件事，而你却没有作那件事"；其实，**神知道有关你的一切**，祂知道你将来会怎么行动，所以事情发生时祂不会失望。神知道你是人，因为祂造了你，祂知道你为什么会像现在这样。

你要让神给你新目标和新方向，祂不会因为你犯错就弃你于不顾。你把事情搞砸了吗？没什么了不起的！只要你愿意，神会扶你起来，帮助你重新开始。犯一个错误或甚至犯上百个错误，都不会让你的人生一无是处。

耶稣基督要把你从忧郁中提升起来，祂愿意帮助你，祂能够改变你，你不需要过着受情绪操纵的生活。你的情绪受思想控制，而你可以控制你所思想的事情；你选择改变思想，就会间接控制你的情绪。你要让神来改变如下这些有害的错误观念，譬如：

"若是某人批评我，这就代表我是个没用的人。"

"我必须让**每个人**爱我和接纳我，这样我的人生才会充实。"

"我不能承认自己的软弱，我必须完美，否则我就是个失败者。"

这些是导致忧郁的错误观念。耶稣说："你们必晓得真理，真理必叫你们得以自由"(约八 32)，祂知道正确思考的重要性；你愈认识基督，就会愈发自由。

> 你愈认识基督，就会愈发自由。

你可以改变

你可以改变！要怎么开始呢？透过与基督建立个别的关系，成为圣经所称的"重生"的人！这不会自动治愈你所有的忧郁症状，但没有基督在你生命里面，你就没有改变的能力；有基督在你生命里面，你就有改变的能力。祂要成为你人生重要的部分，你若是让祂掌管，祂就会帮助你。祂一旦在你生命里面，你就可以求祂赐给你人生的新目标和新意义。

你需要为更大的事而活，不只为自己而活；单为自己而活的人保证会得忧郁症。你需要更大的事把你从

自己身上拉开,而那就是与耶稣基督这位大能的神建

立活泼的关系。

思想化为行动

1. 在你的生活中,最有可能经验到以利亚所犯
   的哪一个错误?

2. 你对忧郁症的第一个疗方——身体健康,可
   以开始采取什么特别方案吗?

第四章

我要如何与众不同?

神向来就不希望你庸庸碌碌地度过一生,你是祂卓越的设计,是祂独特的创造;你不单是百万人中的唯一,更是六十亿人中的唯一! 世界上没有人跟你一模一样,你是独一无二的。

我们都希望受到赏识,事实上,我们不仅**想要被人**赏识,而且**需要被人**赏识,以此增进健康的情绪和自我形象。我的女儿爱蜜还很小的时候,会叫着我说:"爸,你看我! 爸,你看我!"她想要我的称赞,想要引人注目。

我们大人也一样,只是没有那么露骨罢了;我们也想在开的名车、穿的名牌、住的豪宅上引人注目。我们随时都在说:"看我,每个人都看我!"多半的人都有那种想要与众不同、卓越超群、出类拔萃的欲望。

在众人当中突出

历代志上四章 9～10 节告诉我们一位名叫雅比斯的人。这卷书的前面九章都是家谱，列出了六百多个名字，而就在所有的人名当中，神单独挑出雅比斯，特地称赞他。

整本圣经里面只用两节经文讲到这个人，然而他却超越了其他六百多人，荣获奖励。神为什么要突显雅比斯？他到底做了什么，以致经过四千多年还名垂青史？他在哪些方面卓越超群？圣经说："雅比斯比他众弟兄**更尊贵**，他母亲给他起名叫雅比斯，意思说：我生他甚是痛苦"（9 节，"雅比斯"的希伯来文是"痛苦"的意思）。

雅比斯求告神说："甚愿祢赐福与我，扩张我的境界，常与我同在，保佑我不遭患难，不受艰苦"（10 节），神就应允他所求的。

雅比斯生平中的三个秘诀，指出三个原则，你可以用这些原则来活出与众不同的人生。

远大的抱负

雅比斯的第一个秘诀在于他有远大的抱负。雅比斯的众弟兄都满足现状，但他却无法安于平凡，他说："我要神的赐福，我要大有作为，我要在人生中成就大事！"他不想作平凡人，不想作普通人，他想要扩张和成长；他说："神啊，甚愿祢赐福与我，扩张我的境界！"雅比斯有远大的抱负，而最重要的是，他甚愿他的人生有神的赐福。今日有许多人只是随波逐流，他们的人生没有具体目标、没有重大计划、没有人生标竿、没有雄心大志，结果一生毫无成就，只是苟且偷生。

你要活出与众不同的人生，第一个原则是"要有远大的抱负"。你要有梦想，你若是没有梦想，就只会随波逐流。你不再怀有梦想，就会失去方向；你不再设定目标，就会停止成长。你必须有某件

> 你要活出与众不同的人生，第一个原则是"要有远大的抱负"。

驱策你向前的事情,有一个追求卓越的目标。只要你
肯扩张境界,就会是个情绪健康的人。

神造你是要你成长,要你扩张、发展、怀梦,神对你
的人生有一个目的,而你成功的关键就是找出那个目
的,并与之合作。神从来不希望你用不冷不热的心态
来度日,祂不希望你不知道自己应该何去何从;祂要你
的人生有远大的抱负。你的人生中若是没有挑战和目
标,总结就是一个词:无聊!

有三个普遍的错误观念拦阻我们拥有远大的抱
负。第一个是,我们把"胆小"当作"谦卑"。我们往往
会说:"哦,这件事我绝对做不来!"而误以为这么说是
谦卑;但这不是谦卑,这是胆小、是缺乏信心。真正谦
卑的人会说:"藉着神的帮助,我**能够**做到;带着神的祝
福,我**必定**做到;我可能无法凭自己的力量来完成,但
有神的帮助,我就会做到!"这才是真正的谦卑。

第二个是,我们把"偷懒"当作"知足"。保罗的确
说过:"我无论在什么景况都可以知足,这是我已经学
会了"(腓四 11),但这并不代表你不应当设定任何目
标。保罗并不是说:"我已经学会不去设定任何目标,
我没有任何抱负,我对将来也没有任何愿望。"他乃是

说："即使我的梦想和抱负还没有完全实现，但我已经学会充分享受每一天，我今天还是很快乐！"

知足若成为偷懒的有效借口，谁还会去扶弱济贫？谁还会去投入解决普世饥饿、平等、公义的事工？谁还会去接受教育？难道小学三年级的孩子可以说"我上完三年级就知足了"吗？我们绝不可把偷懒和知足混为一谈。

第三个是，我们把"低调"当作"属灵"。有人跟我说："我只要在我小小的天地里来服事神就好了！"我的回答是："你为什么不大大地扩张境界来服事祂呢？你要让神更多使用你！"

另有些人说："唉，我就是这样，神造我天生如此！"然而，我们不该把自己的不长进拿来责怪神，因为祂供应我们成长所需的一切资源和方法。我们不要误以为低调就是属灵。

▎成长的信心

你要活出与众不同的人生，第二个原则是"要有成

———— ◇◇ ————

威廉·克理曾说："为神图谋大事，从神期待大事。"

———— ◇◇ ————

长的信心"。雅比斯不仅有远大的抱负，也有成长的信心；他深深信靠和相信神，凭着信心求告神，并期待祂的垂听。

雅比斯就像拓荒宣教士威廉·克理（William Carey）所说的那样："为神图谋大事，从神期待大事。"

圣经提供了关于雅比斯的一些很有意思的事实。首先，经文中没有提到雅比斯的任何特殊能力、才干或恩赐，也没有说他很富有或受过教育；他只是一个平凡人，却有着不平凡的信心。你若是拥有信心，就不用担心没有什么；神会赐给你所需的能力。神喜欢使用那些愿意相信祂、乐意信靠祂的平凡人，祂喜欢看到他们成功。

雅比斯的信心使他相信神会帮助他达成目标和梦想；有一样东西要比才干、能力、教育更为重要，那就是信心，就是相信神会透过你行事！我见过许多超级天才坐在场外观众席上，而满怀信心的普通凡人却在场内上阵得分。他们相信神，所以被神使用，就像雅比斯，他们虽然只是平凡人，却有着不平凡的信心。

关于雅比斯的第二个事实是，他显然有某种生理缺陷或残疾。希伯来文的"雅比斯"是"痛苦"的意思。你会喜欢被人取名为"痛苦"吗？你会喜欢人家对着你说："痛苦来了"，或说"那个叫作痛苦的老家伙在那边"吗？雅比斯的母亲生他的时候是那么痛苦，所以给他取名"痛苦"。雅比斯可能是母亲不想要、不喜欢的孩子；他的名字经常提醒他，甚至他的出生都导致他人痛苦。但雅比斯胜过他的残疾，他的信心让他勇往直前。

雅比斯不顾过去痛苦的经历，凭信心向前看，并为将来图谋更大的事。你的障碍是什么？身体上的吗？灵性上的吗？不愉快的童年？令人挫折的工作？还是破裂的婚姻？无论是什么，神说："在信的人，凡事都能"（可九23）。

真诚的祷告

雅比斯生平的第三个秘诀在于他的祷告内容，也就是因为这个祷告，使他在圣经里面荣获奖励。许多人的祷告没有与众不同,也许你就是其中之一;你只会吞吞吐吐地求一些事情,或是觉得你的祈求很自私。神会垂听什么样的祷告呢?雅比斯的祷告列举了三件我们可以向神祈求、并预期祂会应允的事情。

雅比斯祈求的第一件事情是"神在他生命中的能力";他祈求一个大过自己可以完成梦想的能力。他祷告说:"我要祢赐福与我,我要祢的能力在我生命里头。"

雅比斯的祈求很具体,这很重要:"神啊,这是我想要祢做的,我要祢扩充我的疆界、扩展我的领域、扩增我的产业!"

你为自己的目标祷告过吗?你祈求过神,无论你前往人生的哪个方向,祂都要帮助你吗?乍看之下,雅比斯的祷告似乎很自私,他祷告说:"神啊,我要祢为我做这一切事情!"

但是神显然赞同这个祷告,因为祂应允了这个祈求。所以重点在于:**抱负没有好坏之分,它只是生活中的基本动力**;它可以或大或小,但每个人都会有某些抱负。你的抱负或许只是"早起",但你生活在世界上就必须有一些抱负。

抱负之所以变好或变坏,有个要素就是其背后的**动机**。雅比斯的动机是真诚的,因为神从来不会答应一个不恰当的请求。你仔细想想这一点:**神挑战你跟祂祈求更大的事**!你跟神求过什么呢?神鼓励你跟祂求大事,祂说:"你们得不着,是因为你们不求"(雅四2)。耶和华对耶利米说:"你求告我,我就应允你,并将你所不知道、又大又难的事指示你"(耶三十三3)。保罗说:"神能照着运行在我们心里的大力,充充足足地成就一切,超过我们所求所想的"(弗三20)。这个意思是说,你所求所想的,都不会超出神预期的范围;你的想像力若是可以伸展到极致,神就可以超越那个极致。

神能够超越你想像得到的限度,祂说:"信靠我、求告我、找出远大的抱负、取得成长的信心,然后以真诚的祷告把它们带到我面前!"

你要神在你的人生中成就什么?改善你在婚姻里的状况?求告祂!解决你在工作上的问题?求告祂!帮助你在教会中的事奉?求告祂!神不是某个待在天上的严厉警察,等着你一有犯错的动作就扑过来抓你;祂乃是要赐福你的人生。

雅比斯祈求的第二件事情是"神在他生命中的同

在"：求祢"常与我同在"（代上四10）。雅比斯认识到，他若是得到更多疆界，就意味着会有更多责任，也会有更多烦恼和压力；他真的需要神的帮助，所以他祈求神与他同在。当你祈求神在你生命中的同在，你可以肯定祂会垂听。

雅比斯祈求的第三件事情是"神在他生命中的保护"：求祢"保佑我不遭患难，不受艰苦"（10节）。雅比斯求神保护他，为什么？因为在当时，你拥有愈多土地，就有愈大的影响力；你愈为人所知，就会愈加成为别人注目的对象。

今日也是如此：你愈成功，就有愈多批评；你拥有愈多领土，就有愈多敌人攻击。你愈亲近主，成为愈坚强的基督徒，魔鬼就会愈发搅扰你，因为他不愿意看到你成长。但就像雅比斯一样，你肯定神会保护你，就不需要害怕任何人或任何事。

> 你肯定神会保护你，就不需要害怕任何人或任何事。

你若是把雅比斯的这三个祈求结合在一起，我保证你会活出与众不同的人生。你想要突破平庸吗？你想看到神在你的人生中行事吗？你想看到祷告真的蒙应允吗? 你已经厌倦随波逐流、不知何去何从的生活吗?

你若是真的想要活出与众不同的人生,你若是想要神把最好的赐给你,那就照着雅比斯使用的这三个原则去行:拥有远大的抱负来窥见神要在你人生中的成就;增强对神的信心来期待不可能的事;建立真诚的祷告生活来倚靠神实现你的梦想。

思想化为行动

1. 你现在最需努力这三个秘诀当中的哪一个? 你要在这方面采取什么具体步骤?

2. 你最大的梦想或目标是什么? 而其背后的动机又是什么?

第五章

我要如何平心静气？

我们生活在一个非常紧张、不安的世界，一个被称为"焦虑世代"的世界；我们面对的环境，很容易令人恼怒、神经紧张，甚至夺去内心的平静。紧张和压力会损害健康，它们是心脏病发作和高血压的主要导因。为了减低人们容易激动的情绪，医生每年开出的镇定剂处方，价值超过五亿美元。

我们感受到的大部分压力，基本上来自尚未解决的冲突；你若是在工作上与同事起争执，而你们没有花时间把事情彻底说清楚，就会感觉彼此之间紧张的气氛。尚未解决的问题也会制造压力；你若是需要作重大决定，而又似乎下不了决心，也会令你心烦意乱又沮丧挫折。

然而,有一些实际的方法可以帮助我们平心静气地面对周遭环境。圣经中著名的人物摩西,是位懂得如何解决人生基本课题的人,他是我们学习如何享有内心平静的绝佳榜样。

■ 内心平静的伟人

在旧约里面,摩西通常被看作是最有信心的伟人。我们从希伯来书第十一章看到罗列在"神家名人堂"的信心伟人当中,有关摩西的叙事,涵盖的篇幅比其他人都多。

若要说谁最有理由紧张不安,那就非摩西莫属了。他的人生从一开始就充满紧张和冲突。法老下令要击杀埃及地每一个新生的希伯来男孩,但"摩西生下来,他的父母见他是个俊美的孩子,就因着信,把他藏了三个月,并不怕王命"(来十一 23)。后来,法老的女儿意外发现摩西,便把他抚养长大(出二 3~10)。然而,

摩西因着信,长大了就不肯称为法老女儿之

子。他宁可和神的百姓同受苦害,也不愿暂时享受罪中之乐。他看为基督受的凌辱比埃及的财物更宝贵,因他想望所要得的赏赐。他因着信,就离开埃及,不怕王怒。(来十一 24~27)

摩西的梦想是要带领两百万希伯来人出埃及、过旷野、进迦南,建立一个称为以色列的新国家;这是受神启发的雄心大志。但在摩西带领以色列百姓的全部年间,百姓几乎都是在抱怨、争论和吵闹中度过;他们根本没有足够的信心进入应许之地,以致耗费四十年在旷野飘流。当初那些离开埃及的成年人都相继过世后,神才让他们的子女进入应许之地;然而那时摩西已经撒手人寰,他也未曾看到梦想实现。

摩西有理由紧张不安,但圣经说,他是个温柔的人。"温柔"(meek)并不代表"柔弱"(weak),即使这通常是人们听到这个词的时候,首先会进入脑海的想法。其实,温柔是一种泰然自若、内在安宁以及内心平静的态度。温柔的人在事情白热化时不易激动;温柔的人告诉自己:"当每个人都在抱怨我、当事情处在紧绷状态,而我有正当理由来紧张不安时,我要冷静、我不要发脾气!"在整本圣经里面,只有耶稣和摩西这两位人物被形容为柔和谦卑。所以,摩西是我们学习如何享有内心平静的绝佳榜样。

人生中的四个课题

摩西为什么能够拥有这种内在的安宁?他为什么能够这么平心静气?因为他有大原则,他作的每个决定都是根据人生的基本法则;他没有凭感觉,而是照神的法则来度日。神并没有要我们依循琐碎的规定,而是要我们遵照大原则来建立人生。我们在希伯来书第十一章看到,摩西认真应对人生中的四个根本课题,而这四个课题是从四个基本问题引发出来的。

> 神并没有要我们依循琐碎的规定,而是要我们遵照大原则来建立人生。

首先摩西要确定"我是谁"(24 节);接着要确定"我真的想做什么人"(25 节);之后要确定"人生中真正重要的是什么"(26 节);最后要确定"我要如何度过

一生"(27节)。

这是我们每个人都需要认真应对、也是我们可以掌握的四个课题。摩西以正确的态度来回应,作出正确的决定,以致得到今日众人的尊敬。

一、知道你的身份

摩西认真应对的第一个课题,是有关他的身份认同,他知道他是谁。我们需要了解摩西内心的冲突。其实摩西是希伯来人,但法老的女儿把他养育为埃及人,而且每个人都认为他是道道地地的埃及人。然而,他长大以后,不知怎么就知道了真相,他不愿意被人看作是法老女儿的儿子。摩西在大约四十岁时,已经被培养成为埃及王国的第二号人物,他这时必须作一个选择:"我打算怎么过我的人生? 我并不是大多数人所认为的那个人!"

摩西在王宫中可以拥有他想要的各种舒适,他也大可留在宫中。但他有身份认同的危机:"我是谁? 我是希伯来人还是埃及人? 我是要跟众多希伯来奴隶一起生活,还是要独自待在王宫过奢华的生活?"你会怎么做? 摩西在有关身份认同这个课题上作出了正确的

71

决定,但却付上了其后八十年在旷野生活的代价。

我们每个人都必须认真对待身份认同的问题,因为我们都想知道自己是谁、也需要接纳自己是谁。你若想得上胃溃疡,最快的方法就是去作"不是你"的某个人,因为这样做,压力就会接踵而来。摩西意识到这种张力,他决定结束伪装,接受自己的真正身份。

我们放轻松,不再尝试去作"不是你"的某个人时,就会觉得很释放;这是内心平静的第一个根基。你要轻松自在地作你自己;神造你,祂爱原本的你、祂爱有缺点的你,你对祂而言是非常独特的一位。

你可以或是假装作某个人,或是接受神对你的计划,作祂起初要你作的那个人。若是摩西当初选择待在法老宫中,我们今日会怎么纪念他呢? 或许他是在某个博物馆的埃及木乃伊,或许什么都不是;然而,他当时所作的困难决定,从永恒的角度来看,是最好的决定。

福音歌手莫安妮(Anne Murry)最风行的一首歌是《你需要我》(You Needed Me),这是有关重获希望、重新信靠以及重得内在力量的一首歌。里面有一句歌词很特出:"祢扶持我,并赐我尊严";神不仅赐给我们身份,也赐给我们伴随这个身份而来的尊严。在新约里面,耶稣所对待的每一个人,无论是奸淫中被抓的妇人、或是麻风病人、或是被抛弃的人,祂都接纳他们、关爱他们。耶稣说:"我知道你的名字,你是某某人。"

你不再尝试去作"不是你"的某个人时,就可以轻松自在地让神在你的人生中作工。

二、接受你的责任

摩西认真应对的第二个课题,是有关他的个人责任。在他解决"我是谁"的课题之后,他接着面对"我真的想作什么人"这个问题。圣经说,摩西选择宁可和神的百姓同受苦害,也不愿意在法老宫中享受罪中之乐(来十一25)。他先是拒绝作任何其他人,只作自己,然后选择走神的道路。这个原则是:你始终可以用积极取代消极;你不是停止做某些事,而是开始做其他的事。

基督徒的人生不是关乎消极规定和规条的事情,而是关乎与神、与他人以及与自身关系的事情。有人开玩笑说:"若是基督徒的生活是由一连串的'不可以'组成,那么每个人都只有等到死了才会符合作基督徒的资格!"然而,真正的基督教信仰并不是这样,神的道路是积极的道路。

摩西"长大了"(24 节),就作出他的决定。当你解决"个人责任"这个课题时,就是一种成熟的标记。摩西是个婴孩的时候,对自己的身份认同延缓作决定,这还说得过去,但他长大成人后,就必须决定自己是谁;他必须作选择、必须为自己的人生负责,并朝他所作的决定继续走下去。

在我们今日的社会,人们很不喜欢"需要负起个人责任"这个事实。我们生活在一个喜欢归咎于他人、不愿意接受个人责任的文化里面。是谁该对 1973 年的石油危机负起责任? 美国人归咎阿拉伯人,阿拉伯人归咎石油公司,石油公司归咎美国政府,美国政府归咎生态学家;没有人想要接受任何谴责。

我们喜欢责怪他人,却讨厌被人责怪。我们很容易把自己的处境推诿在别人身上,譬如:"若是我的家人是基督徒,我就会更加委身给基督";"若是我的男朋友或女朋友、母亲或父亲、丈夫或妻子都走神的道路,我就真的会走神的道路";"若是我有更好的父母,我今天就会成为更好的人"。摩西没有责怪任何人,他为自己的人生负责。

　　当然,人生中确实有许多事情无法掌控;你无法掌控父母是谁,你无法掌控生在何处,你无法掌控体内基因。但有一件事绝对可以掌控,那就是你对生命的回应;你可以选择用消极、批评的态度来回应,也可以选择用积极、相信的态度来回应。

> 有一件事绝对可以掌控,那就是你对生命的回应。

　　然而,别人制造问题给你时,你要怎么办? 的确,你无法掌控这种局面,但你可以选择如何回应。有位待过德国纳粹集中营的幸存者说,他当时学到的功课就是,他虽然无法掌控发生在自己身上的事,但他可以掌控如何回应这些事。没有人能够拿走你的态度,除非你自己放弃;当你为自己的态度负起责任,就可以开始享有内心真正的平静。

　　你无法选择人生中所有的境遇,但可以选择是否因这些境遇而变得更苦毒(bitter)或更美好(better);这是你的责任,除了你自己,没有人能破坏你的人生!魔鬼不能,因为他没有足够的能力;神不会,因为祂爱你,只有你能破坏自己的人生。

三、决定你的优先

摩西认真应对的第三个课题，是有关他的优先次序。他"宁可和神的百姓同受苦害，也不愿暂时享受罪中之乐"（来十一 25）；他把为基督的缘故所作的牺牲，看得比埃及的财宝更有价值。摩西面对**优先次序**的课题，他知道生命中真正重要的是什么。

从人的角度来看，年轻的摩西拥有一切。在那个时代，世界上大部分的财宝都贮藏在埃及；摩西有大多数人穷极一生想要得到的权势、享乐以及财富。

然而，神要求摩西去做某件更重要的事，而摩西做了！这是关乎他人生优先次序的选择。摩西当时被看作法老女儿之子，身处大权在握的地位，他大可为自己辩解说："奴隶的情况很糟糕，所以我要待在体制里面来为他们做一些改革。"但神不是这么说的，祂吩咐摩西："从王宫出来，照我要你做的赶快去做！"

大部分的人都想要在群体当中受人欢迎，然而，"声望"的问题在于它从未持久不衰。你可能在校园里面风云一时，但毕业之后过几年回母校，会发现没有人把你看作特殊人物；声望不会历久弥新。

"享乐"也是如此。享乐有错吗？没有,享乐并没有错,除非你把享乐当作你的神。我们生活在一个对享乐着迷的社会:"你一辈子就来世上走这么一遭,最好尽情享乐吧!""做你自己爱做的事吧!""你若是觉得好就去做吧!"问题是,享乐就像声望一样,不会持久。摩西拒绝暂时的享乐,因为他有正确的价值观,他有更高超的异象。

拥有财富并不是与生俱来的错误,圣经中有一些伟大的圣徒,包括约伯、亚伯拉罕、大卫在内,都极其富有;但是圣经说:"人的生命不在乎家道丰富"(路十二15)。财富至终不会带来快乐,你问问那些有钱人:"你要有多少钱才会快乐?"通常的答案是:"再多一点!"**钱财是拿来用的,不是拿来爱的。**神要我们使用钱财和关爱别人,但我们若是热爱钱财,就会去利用别人。摩西有正确的优先次序,他拒绝短暂的物质享受,因为他的人生有长远的重大使命。

四、面对你的困难

摩西认真应对的最后一个课题,是有关他的坚忍不拔。我们几乎可以用"恒心忍耐"(来十一 27)来总结摩西的人生。生命的现实在于,不经历劳苦就不会有收成;不经历逆境就不会有顺境,不经历困难就不会有长进;我们在坚忍的课题上要学习如何经历艰辛。

摩西的人生之所以成功,是因为他能够坚忍;他之所以能够内心平静,是因为他知道人生中会有各种困难,而他懂得如何正确回应,并继续向前。基督徒不应该让问题毁灭我们,而是应当让问题吸引我们更亲近神。有人说过,基督徒不应该被问题打倒,除非是用膝盖跪倒在神面前。神容许我们的人生遭遇这些景况,是为了特定的原因。

若是没有坚忍,我们的人生无法走远;当我们为自己的选择接受责任、当我们照神的优先次序作选择、当我们带着信心去坚忍,就会得到内心的平静。

摩西学会解决人生中根本的课题,这使他成为我们学习享有内心平静的绝佳榜样;他作正确的决定、确定生命中重要的事情,就能够接受自己、并负起艰巨的责任,还能够在压力下保持平静。

无论你是青年人、老年人、还是中年人,至终都必须面对这些根本的课题。你若能肯定这些课题的答案,就能体会真正的内在安宁,也能学到如何在危机中冷静、在张力中镇静、在压力中平静,并从经验中学会继续保持这种心境。

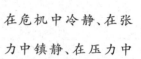

在危机中冷静、在张力中镇静、在压力中平静。

思想化为行动

1. 你是谁? 你若是与神交谈,会用什么词句描述自己真正的身份?

2. 你觉得在人生中有哪件事应该占更优先地位? 你可以马上采取哪个步骤来朝向那个目的?

第六章

我要如何处理沮丧？

若是有人请你说出世界上最致命的疾病,你会怎么回答？癌症？小儿麻痹？多发性硬化？艾滋病？你可能不会说是"沮丧",甚至不会认为沮丧是致命的疾病；然而它不仅是致命的,而且还比其他疾病更普遍。

　　为什么沮丧是这种令人害怕的疾病？第一,它是普世性的,我们所有的人都会沮丧,我会沮丧、你会沮丧、我们都会沮丧；是的,即使基督徒也会沮丧。第二,它是复发性的,你会沮丧好几次,这不是仅此一次的事情。第三,它是极具感染性的,别人会因为你沮丧而感到沮丧。

如今有好消息

好消息是,沮丧可以治愈。尼希米的生平事迹例证了沮丧的四个导因以及三个疗方。你也许记得,尼希米是带领犹太人从巴比伦回到以色列,去重建耶路撒冷城墙的领袖。百姓刚开始修造城墙的时候,满怀热忱,对这个计划兴奋莫名;但工作了一阵子之后,却沮丧万分。

尼希米记第四章记载了百姓高兴地着手进行工程,"这样,我们修造城墙,城墙就都连络,高至一半,因为百姓专心作工"(6 节)。但是,故事继续下去时,我们看到他们的心情变了,"犹大人说:'灰土尚多,扛抬的人力气已经衰败,所以我们不能建造城墙。'我们的敌人且说:'趁他们不知不见,我们进入他们中间杀他们,使工作止住。'那靠近敌人居住的犹大人,十次从各处来见我们,说:'你们必要回到我们那里'"(10～12 节)。

我们或许有过沮丧的心情,多到我们都不想去记;你现在也许就处在这种心情里面。这个故事指出百姓为什么会沮丧，以及他们如何克服沮丧；它也告诉我们，在我们想放弃时，要做些什么事。

▌我们为什么会沮丧

一、被疲倦影响

人会沮丧的第一个导因是"疲倦"。犹大的百姓说："扛抬的人力气已经衰败"，换句话说，他们已经工作到筋疲力尽，显然身体、精神、情绪都耗尽枯竭了。

有时候人们来找我辅导，他们觉得很沮丧，而且误以为这是属灵的问题。他们说："或许我需要将自己的生命重新奉献给主"，但他们真正的问题只是疲劳过度，需要休息、放松和重新得力。所以我说："你不需要再次委身，你只是需要一些休息。"你这时所能做的最属灵的事，就是上床睡觉、放轻松，或是去度两个礼拜负担得起的休假。

疲惫和沮丧在什么时候出现？我们看第 6 节："这样，我们修造城墙，城墙就都连络，高至一半。"你知道什么时候最容易沮丧吗？——某个计划做到一半时！

每个人起初都很努力工作,圣经说"百姓专心作工"(6节)。为什么?因为这是新的计划,刚开头令人感到兴奋、新奇,但是过了一阵子,新鲜感消失了、工作无聊了,生活安定到一成不变,然后是例行公事,接着是行礼如仪。

你油漆过房间吗?你油漆完一半,四处看看,心想:"天哪,我油漆了大半天,才只完成一半,待会儿还得把每样东西都收拾干净呢!真是累死我了!"

前不久我做了一件吃力不讨好的事,想要重新整理档案柜。你知道整理档案柜是什么意思吗?就是把所有的东西都从档案夹里拿出来,分堆散放在地板上,然后你看到那么多东西堆在那里,就泄了气,最后还是把每样东西都归回原位!

你有过登山之前告诉自己:"我只要花两个小时就会到达山顶了",但是才走到半山腰,就已经花了三个小时!所以你问自己:"我应该继续吗?我还得再走那么远的路下山呢!"突然间,你开始认为:"或许这是神的旨意要我下山吧!"其实这是一个

疲惫是沮丧的首要导因,通常就发生在"半中间"那个时刻。

遁词,你只是想找个放弃的借口罢了。疲惫是沮丧的首要导因,而通常就发生在"半中间"那个时刻;这就是那么多人"功尚未成"就半途而废的原因。

二、被挫折束缚

人会沮丧还有第二个导因。以色列人说:"灰土尚多……,所以我们不能建造城墙"(10 节)。这个导因就是"挫折";他们对看来似乎改变不了的状况感到泄气。什么是灰土?百姓在修造一座新的城墙,但是陈旧、破裂的石块到处都是,上面还黏着泥土和干硬的泥浆;这些碎砖瓦砾令他们感到很气馁。人们对原先的目标失去视野,是因为生活中有太多东西需要丢弃,他们不知道如何开始办理正事。

每当你在进行某项计划,总会逐渐累积一些无用的东西,这会让你相当挫折。你有过加大房间或盖房子的经验吗?你突然发现成堆的灰泥到处都是。或是,你在油漆房间时,发现太多油漆沾在不该沾的地板或窗框上。垃圾是会增生的,你无法避免生活中的这些废物,但可以学习分辨和处理,这样就不会放弃起初的计划。

你生活中没有价值的事情是什么？——那些会浪费时间、消耗精力、使你无法达成心愿的"琐事"；那些会拦阻你从事人生真正重要事项（就如花时间给配偶和子女、在教会中服事）的"小事"；那些会妨碍和干扰你完成目标的"俗事"。我们需要清理那些东西，倒掉那些垃圾。

三、被失败拖延

人会沮丧的第三个导因，反映在以色列百姓的抱怨上。他们说："我们不能建造城墙"（10 节），你知道这是什么意思吗？"我们太累了，这是不可能完成的，再尝试下去是愚蠢的，我们放弃吧！"百姓沮丧的导因是"失败"，他们无法照起初的计划迅速完成任务，以致信心直线滑落，沮丧到了极点。

你是如何处理人生中的失败呢？你是自怜地说："唉，可怜的我，我完成不了这个工作了！"还是抱怨说："这是不可能的，这是无法完成的，我是个笨蛋，我还甚至去尝试，真是愚蠢！"或是责怪说："每个人都不跟我合作，都不尽他们的本分！"赢家和输家之间的区别，就在于赢家始终把失败看为暂时的受挫。

四、被害怕拦阻

人会沮丧还有第四个导因。作工的百姓跟尼希米说："我们的敌人且说：'趁他们不知不见，我们进入他们中间杀他们，使工作止住'"（11 节）。由于城墙代表安全和防御，以色列的仇敌不希望看到城墙重建。他们先是批评，再是讥笑，最后威胁说："你们若是继续修造城墙，我们就杀了你们！"所以，修造城墙的人很沮丧。为什么？因为沮丧的第四个导因是"害怕"。

请你留意是谁感到沮丧？"那靠近敌人居住的犹大人"（12 节），他们说的话让其他人感到气馁："无论你们转向哪里，敌人都会来攻击我们！"你知道，跟消极的人相处够久之后，会变成什么样吗？你也会感染到他的负面心态！你若是一再听到某人说："这件事没办法完成！"久而久之，你就会开始相信他讲得没错。

你现在有让你感到沮丧的害怕吗？有哪些妨碍你发展和成长的害怕吗？你怕被人批评或怕难为情吗？你怕跨出大步去换新工作吗？你也许害怕无法胜任工作，也许害怕无法坚持下去，也许害怕无法表现完美；**害怕总是令人沮丧**。

怎么知道你的沮丧是否因害怕而起？——你会强烈地渴望逃离生活中的要求和压力。害怕的自然反应就是"逃"；在生活中只有三种情况会让你采取行动——在怒中起而**反抗**，在惧中起而**逃跑**，在爱中起而**相随**。

如何解除沮丧

你觉得想放弃时，重整生活、记念恩主、抵挡沮丧这三个原则，可以帮助你继续下去。

沮丧的解药是什么？我们来看尼希米这位英明的领袖和属神之人如何解除百姓的沮丧。他知道百姓为什么事情沮丧，便采取适当的措施来改善问题。你觉得想放弃时，"重整生活"、"记念恩主"、"抵挡沮丧"这三个原则，可以帮助你继续下去。

一、重整生活

尼希米使用重整的原则："所以我使百姓各按宗

族,拿刀、拿枪、拿弓站在城墙后边低洼的空处"(13
节)。他实际是在说:"我们要把这件事好好整顿,建立
一套新的系统;你们这些人去那边,你们其他人站这
边,我们要解决这个问题!"

解除沮丧的第一个原则是"重整生活"。你沮丧
时,不要放弃目标,而是要想出新的对策。你气馁时,
未必代表你在做错误的事情;你可能是以错的方法在
做对的事情。这些犹大人修造城墙是错的吗? 绝对不
是,这是对的事情;但若以错误的方法进行,结果就会
令人丧气。

你遇到某个问题时,要重新整顿你的生活。你的
婚姻有问题吗? 不要放弃! 尝试新的态度。你的事业
有问题吗? 不要放弃! 尝试新的办法。你的基督徒生
活有问题吗? 不要放弃! 尝试新的祷告。你的健康有
问题吗? 不要放弃! 尝试新的医生。不要放弃! 继续
尝试!

有些人沮丧,是因为工作量过重而造成极度压力,
神给你的信息是"重整"——重新规划时间、重新安排
日程、重新对准目标。你要清除凌乱、无用、琐碎的东
西,清理浪费时间的事物,然后加以重整;这样的话,在

你朝主要目标前进时,就可以进行得更周全、更快捷、更有效。

有个研讨会提醒我"80/20"的原则:我们经常把百分之八十的时间花在百分之二十没有建设性的活动上,结果很挫折;其实,我们应当把百分之八十的时间花在百分之二十有生产力的工作上。商业经营者称这种做法为"投资收益"(ROI-Return on Investment);换句话说,要花最多的时间在少数会产生最多结果或最有效果的事情上。

我们注意到尼希米看重优先次序,他各按宗族来重整百姓的岗位。为什么?因为他知道沮丧的人需要支援团体。每个人都需要其他人的支持,而家族是最自然的群体;家里有某个人沮丧时,其他的亲人会鼓励他。我们也需要基督徒同伴彼此扶持、互相鼓舞;我消沉时,你鼓励我;你消沉时,我鼓励你,这就是支援小组的功用。

所罗门说:

两个人总比一个人好,因为二人劳碌同得美好的果效。若是跌倒,这人可以扶起他的同伴;若是孤身跌倒，没有别人扶起他来，这人就有祸了。
再者，二人同睡，就都暖和；一人独睡，怎能暖和
呢？有人攻胜孤身一人，若有二人便能敌挡他；三
股合成的绳子不容易折断。（传四 9－12）

　　所罗门的意思是，我们的生活中有其他人来帮助
和鼓励，这很重要。

二、记念恩主

　　解除沮丧的第二个原则是"记念恩主"。我们看到
尼希米说："我察看了，就起来对贵胄、官长和其余的人
说：'不要怕他们，当记念主是大而可畏的'"（尼四 14）。
"记念主"的意思就是，重新将自己委身给主、汲取主的
属灵能力。

　　你应当记念什么事情？要记念三件事：首先，记念
神过去对你的美善。你开始思想神在你人生中为你成
就的一切美事，灵性就会提升，焦虑就会减低。第二，
记念神现今与你亲近。祂此时在你人生中所做的是什
么？无论你是否感到祂的临近，祂都与你同在，因为主
曾说："我总不撇下你，也不丢弃你"（来十三 5）；你或许

并没有在呼求神,但祂仍然在那里等着回应你。第三,记念神未来要赐给你能力,祂会供应你所需的力量。你沮丧时,要将眼目从所处的环境挪开,专注在主身上,因为环境只会令人消沉和丧气。

要记得,你的思想决定你的感觉。你若是感到沮丧,那是因为你在想令人丧气的事;你若是想得到激励,那就开始思想令人鼓舞的事。你可以背诵一些提升灵性的经文,譬如:

"我靠着那加给我力量的,凡事都能作"(腓四13)。

"……所有的受造之物,都不能叫我们与神的爱隔绝"(罗八39)。

"……神若帮助我们,谁能敌挡我们呢?"(罗八31)。

"……在信的人,凡事都能"(可九23)。

三、抵挡沮丧

我们还可以用什么方法解除沮丧? 抵挡它! 请留

意尼希米说了什么："你们要为弟兄、儿女、妻子、家产争战"（尼四14）。他是在告诉我们，要对沮丧宣战，要抵挡它，要与之格斗、与之对抗。

圣经教导我们，基督徒是在超自然的属灵争战里面，与负面的势力搏斗。圣经说，魔鬼喜欢控告基督徒，喜欢让我们意志消沉；那是他的首要工具，因为他知道沮丧的基督徒很难发挥潜力。魔鬼知道，我们意志消沉时，工作的果效就会抵消，所以他尽所能地让我们沮丧。雅各书说："务要抵挡魔鬼"（雅四7），我们要抵挡他以及从他而来的消极思想，要抵挡他企图带进我们人生中的所有沮丧。

你的人生不需要沮丧，那是你的选择。你可以选择放弃，但伟大的人就是拒绝沮丧；他们不知道何谓放弃，他们即使疲惫、挫折、失败、害怕，也从来不屈服。伟人是有着非凡坚忍力量的普通人，他们就是坚持下去，从不放弃。

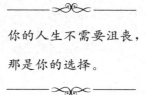

你的人生不需要沮丧，那是你的选择。

思想化为行动

1. 在沮丧的四个导因里面,此时最影响你的是哪一个?

2. 在你沮丧时,你最喜欢"记念"神为你做的哪一件事? 这如何帮助你?

第七章

我要如何克服困难？

在约沙法广为人知的事迹当中，描述了以色列历史上一场最宏伟的战事。犹大王约沙法从一位朋友那里得知，三支敌国的联军即将前来攻打他、要征服他的国家。历代志的作者告诉我们，这三个国家是摩押、亚扪、米乌尼(代下二十1)，都是在约旦河或死海那边的邻近国家，约沙法绝对没有胜算。

这个故事与我们每个人都有切身关系，因为我们每天都面对日常生活中经济上、属灵上、婚姻上、事业上、关系上的各种争战。神把约沙法的事迹放在圣经里面，为要举例说明某些至关紧要的属灵原则，帮助我们赢得人生中的争战。

认清敌人是谁

历代志下二十章 1 节告诉我们，要赢得人生争战的第一个原则是"认清敌人"。这是一个相当明显的原则，但实际上许多人就是不知道他们的敌人是谁。我们通常以为，敌人是某个想要抢走我们东西(如工作、配偶、金钱)的人，却不知敌人往往是我们自己的态度；

> 我们能够赢得个人的争战之前，必须确实地认清敌人。

多半不是那个会令人挫折的处境，而是我们对那个处境的反应。我们能够赢得个人的争战之前，必须确实地认清敌人。

约沙法听到这三国联军要来攻打他时，有什么反应? 害怕(3 节)! 这是每个人都会有的典型反应。我们遇到重大问题时，会恐慌、会不知所措地问："到底会怎么样? 我好害怕!"害怕本身并非不好，除非我们以错误的方式来面对。我们可以用害怕来激发自己去克服困难，但若是因此感到沮丧而放弃，或是对神生气，老是问祂：“为什么是我？”那么，害怕就会打败我们。

承认你的不足

约沙法害怕，是因为他面对一个看似无望的景况。他呼求耶和华说：“我们无力抵挡这来攻击我们的大军，我们也不知道怎样行”（代下二十 12）；这指出赢得人生争战的第二个原则是“承认你的不足”。只有一种人神不帮助，就是那种不认为需要帮助的人！你承认自己不足，并请求神帮助时，祂就会在其中动工。

约沙法承认他和他的参谋不知道怎样行之后，在祷告中说：“我们的眼目单仰望祢”（12 节）。我们遇到困难时，经常把眼目投向其他的帮助

我们若将眼目专注在主身上，单单仰望祂，就会胜过困难的处境。

者，却忽视真正能解决问题的那一位！处境就像一张垫子，躺在其上就可以休息，躺在其下就可能窒息；我们若将眼目专注在主身上，单单仰望祂，就会胜过困难的处境。

　　我们能力不足,无法凭自己活出基督徒的生命,需要神大能的帮助;不是倚靠势力,不是倚靠才能,乃是倚靠神的灵(亚四6);我们需要倚靠神的灵,来活出基督徒的生命。

■ 带到主的面前

　　约沙法在这个危机当中做了什么? 他宣告禁食,并招聚所有的百姓一起来寻求耶和华(代下二十3～4);百姓从犹大各城出来祈求神的帮助。要赢得人生争战的第三个原则是"把问题带到主面前";这意味着祷告,但很不幸的,祷告通常是我们尝试的最后一件事,因为我们想要凭自己来解决事情。

　　有一天,有位执事来找他的牧师,说:"牧师啊,我们真的遇到麻烦了;事情没有照预期的进展,我们无法解决问题了!"

　　牧师说:"那么,我想我们所能做的,就是为这件事祷告喽!"

　　执事回应说:"牧师啊,已经到这个地步了吗?"

无论什么时候面对人生的争战，祷告应当是我们使用的"第一个"武器，而不是最后一个。我们需要记得，耶稣面对生平中最大的战役时，祂做得最多的事，就是祷告。

约沙法的祷告其实就是："神啊，我知道祢过去帮助我，我知道祢将来也会帮助我，所以请祢现在就帮助我！"

> 面对人生的争战，祷告应当是我们使用的"第一个"武器。

■ 在信心中放松

请留意神怎样回应约沙法的祷告："不要因这大军恐惧惊惶，因为胜败不在乎你们，乃在乎神"（15 节）。要赢得人生争战的第四个原则是"在信心中放松"。今日许多基督徒疲累不堪，是因为他们想凭自己的力量去打神的仗；若是这样做，肯定会打败仗。

我们刚成为基督徒的时候，可能不太了解自己投入的是什么战役。我们满腔热血地认为自己万事俱备，可以单枪匹马地出去，把神国带给世人，为神赢得世界。我们拼命作工,却看到现实不如预期,最后只好灰头土脸、连滚带爬地回来,对自己让神丢脸,感到既懊恼又失望。

但是神说:"没有,你并没有让我丢脸,因为不是你在撑我的门面";不是我们在支撑神,是神在支撑我们;不是我们把神放在手中,是祂把我们放在祂手中。神一直想跟我们说:"你要在信心里面放松,要让我透过你作工",但我们没有听进去。

> 神跟我们说:"你要在信心里面放松,要让我透过你作工。"

在我的基督徒生涯中,曾有过卖力为主作工,但都是凭自己的能力在做。我觉得很累,最后无法再撑下去。我说:"主啊,真是糟糕透了! 我不喜欢这样,我好累,我又病又累;而且我对自己的又病又累,觉得很难过,也很厌烦。"

然后我说:"神啊,我放弃了!"

在那个时候,我听到这个声音说:"很好! 现在我总算可以开始作工了,因为只要你在那里自作主张,想凭自己的力量做事,就只会把事情弄糟;放松吧! 让我透过你作工。"

使徒保罗说："你们既然接受了主基督耶稣，就当继续住在祂里面"（西二6，新译本）。换句话说，你看到你是怎么成为信徒，就要以同样的方式过基督徒生活；这是一种选择。圣经说，救恩"不是出于行为，免得有人自夸"（弗二9）；你不是凭着努力行善、保证完美、尽力表现，来成为基督徒，你只是单纯地对神说："主啊，我放松，我让祢住在我的生命里面。"我们应当以同样的方式"继续"作基督徒，并让神来管理每件事情。得胜的生命是从神而来的恩典，就如保罗所说的："感谢神，使我们藉着我们的主耶稣基督得胜"（林前十五57）。

在历代志下这段经文里面，神两次指示约沙法不要害怕（代下二十15、17），这位国王认为他有理由害怕，毕竟，这是三对一的以众击寡之战。但神说："不要害怕！"为什么不要害怕？因为神应许为我们打仗，并与我们同在。

神打过败仗吗？没有，从来没有！所以你知道最后谁会赢；这就像你先读小说的最后一章，知道结局后，就可以放心回到前面读完整本小说。你把问题交给主的时候，问题就会变小。

请注意神还对约沙法说了什么:"这次你们不要争战,要坚定站立"(17节,新译本);当你遇到问题、面对争战、生命危急之时,"坚定站立"是什么意思? 这是一种泰然自若的心态,告诉自己:"我要信靠神!"

我正在学习这个功课。**神绝对不会要我从困难的处境中逃跑**;我若是真的逃跑了,情况只会继续恶化,而且会进一步把我完全缠住。这个功课可能看起来不一样,但终究是一样的。为什么? 因为神要教导我,祂足以解决任何的问题。我们若是今天不学这个功课,可能下个礼拜要学;下个礼拜不学,下一年要学;最后总会学到这个功课。所以愈早学会愈好! 我们坚定站立、处变不惊地等候神,就可以省却许多问题。

我们要为什么事情坚定站立? 约沙法说:"信耶和华——你们的神,就必立稳;信祂的先知,就必亨通。"首先,我们要对神的性情有坚信的态度;神是信实的,我们可以倚靠祂,祂从来不会让我们失望。其次,我们要坚信神透过祂的先知所写的话语,换句话说,即坚信圣经的真理;圣经是神的话语,我们要以坚定的态度来信赖祂写下的应许。

▌事先感谢神

要赢得人生争战的第五个原则是"事先感谢神"。约沙法的事迹之所以令人着迷，是因为他在与百姓商议后，就设立歌唱的人，走在军队的前面，为神的荣美和圣洁歌颂赞美祂（21 节）。

你想想这个画面：想像你站在山顶上，环顾对面的山谷，有一场大战即将展开；在山的那边是三个敌国，他们的军队就在那里等着征服以色列。以色列人在你这边的山头，他们的领袖约沙法跟他们说："这是神的战争计划，所有唱诗班的人请上前来。"所以，诗班出来，走在前往战场的军队前面，歌颂赞美神。

神的计划成功了吗？是的，这三支敌军搞不清楚怎么回事，最后彼此自相击杀！神的百姓需要做的，就是平分敌人的财物。为什么神以这种方式行事？为要作为视觉实物教材来教导我们，即使胜利尚未来到，我们仍然可以凭信心赞美祂！

有位名叫詹姆斯的男孩原本不是信徒，而且还是个反对基督教的人。有一天,他母亲买了一本圣经给他,放在他桌上,说:"儿子啊,这是你的新圣经。"

詹姆斯问:"这是做什么用的?"

他的母亲回答说:"你现在还不知道,但是你就要成为基督徒了!"

詹姆斯回应说:"不,我不会成为基督徒的,我要踢足球,然后下地狱。"

他的母亲那天晚上在教会的聚会中站起来说:"我的儿子就要成为基督徒了,他还不知道,但是我要事先感谢神。"

詹姆斯走在街上时,他的同伴靠近他,说:"我听说你要成为基督徒了!"

"不会的,那只是我疯狂老妈的说词,我要踢足球,然后下地狱。"

但他的母亲跟牧师说:"我请你在礼拜六晚上的聚会时间,为我的儿子保留二十分钟,让他作见证。"

在礼拜六之前的礼拜五晚上,詹姆斯在踢足球的时候,突然感觉神就在球场上与他同在。他双膝跪地,在众目睽睽之下祷告说:"神啊,我真的需要祢在我的生命里面,祢若是能够造成什么不同的话,请进到我的心里来改变我;无论要付什么代价,都求祢拯救我,让我重生!"

詹姆斯穿着球衣跑出球场,他冲下街、跑上楼、进他家,抱着母亲宣布说:"妈,我刚刚成为基督徒了!"

他母亲回应说:"当然喽! 我三个礼拜前就已经跟你说了!"

这是事先感谢神的真实故事,这个功课教导我们,**感谢带有能力**。我们每个人都可以跟主说:"主啊,我知道我有问题,但我要事先感谢祢,因为没有任何难题祢无法破解。"事先感谢神,是真正的信心!

思想化为行动

1. 你在面对现今所遇到的问题上,需要改变哪一种态度?

2. 你可以事先感谢神会解决你的哪一个景况?

第八章

我要如何掌握危机?

人生风暴

圣 经教导我们,在人生中有三种风暴:我们自己惹来的风暴(像参孙和他自找的麻烦);神引起的风暴(像耶稣在加利利湖平静的那种风暴);以及其他人造成的风暴(像保罗和西拉被人关进监狱时的那种风暴)。你在危机中是无辜的一方时,最后的那一种风暴尤其让人难以承受。

我们要如何处理危机? 我们要如何在任何状况发生时,都能平心静气地持守信心和勇气?

神安排使徒保罗以囚犯身份,坐上从巴勒斯坦开往罗马的一艘船(其实保罗很想去罗马传道,但他没有打算用这种方式去那里)。在这艘船冒险航行地中海,在克里特岛停泊之后,神告诉保罗,要劝告船上的人不要离开港口,因为将会有一场很大的风暴。但这些水手急着要航行到更好的港口,所以忽视神透过保罗告诉他们的话(徒二十七9～12)。

> 没有耐心通常会让我们陷入麻烦。

没有耐心通常会让我们陷入麻烦;我们任凭自己心浮气躁时,就会发现需要面对风暴的来临。我和许多受危机折磨的人谈过话,他们之前就是因为迫不及待——急着结婚、急着换工作、急着搬家,以致现在面临危机;他们没有花时间跟神查问这些事,就直航驶入等待他们的风暴里面。

保罗已经告诉那些水手:"众位,我看这次行船,不但货物和船要受损伤,大遭破坏,连我们的性命也难保"(10节),但他们无论如何还是执意驶入风暴里面。为什么?因为他们随着人的本性行事!人们为什么会陷入困境?有三个普遍原因,而无论这种困境是发生在两千年前的使徒行传里面,还是发生在今日,这些原因至今仍然一如既往,因为人性没有改变!

▍我们如何陷入危机

一、从专家来的错误引导

监管保罗的百夫长听从掌船的人和船主的建议,忽视保罗的谏言,便起航离开港口。这指出,我们会陷入麻烦的第一个原因是"听从错误的专家"。

这个世界充满拥有各种古怪点子的人,而且似乎每个礼拜总会有某人提倡新疗方或新见解。有个人说:"活力的秘诀就是吃香蕉和酸奶。"另一个人说:"不是,活力的秘诀就是去陌生的地方探险。"第三个人说:"不是,活力的秘诀就是买我们讲座的录音带。"似乎每个人都有某种办法、某种专门的见解,而事实上,这类专家通常是错的。有些人到处去咨询专家的意见,直到某个专家的意见跟他一样才肯罢休,为的就是要证明自己的偏见。你请教错误的专家,就会陷入困境或风暴;唯一真正可靠的专家是神。

二、从投票来的错误引导

由于停靠的港口不适合过冬,大多数船员认为应当继续开船;他们希望抵达克里特另一边,较为安全的非尼基港(12节)。我们会陷入麻烦的第二个原因是"以投票表决方式作决定"。事实上,多数人的意见有可能错误。你记得摩西刚开始带领以色列百姓朝向应许之地时,发生了什么事?大多数的人都想回埃及,但他们错了。我们会因为跟随普罗大众的意见、追求最流行的风潮,而陷入真正的困境;若是听从神,就会走在正确的方向。

三、从环境来的错误引导

这个故事继续说:"这时,微微起了南风,他们(船员)以为得意,就起了锚,贴近克里特行去"(13节)。后来证明这是糟糕的决定。我们为什么陷入麻烦?因为"倚赖环境"。请留意圣经说,"这时,微微起了南风";有什么比一趟美妙、温和的地中海之旅来得更美好?水手们因为外在环境看起来很有利,就以为可遂其所愿。然而,即使环境往往看来与神的话相悖,但忽视祂所讲的话是愚昧的;或许现在看来一帆风顺,但你可能正在驶进狂风暴雨当中。

我曾听到有人说:"嗯,这个决定一定不错,因为我对它的感觉太好了!"七十年代有一首流行歌曲说:"当你感觉很棒的时候,那就错不了!"我们在本书的第三章看到,其实"感觉"经常会骗人。若是神说:"等在港口!"你就最好等在那里,因为你若执意出航,魔鬼可以安排令人不快的环境来陷你于困境。

我在与人协谈时,一再听到人们原以为自己随心所愿,却没想到直接驶进风暴;就如使徒行传里面的那些水手,发现他们被一股强劲的"东北风"抓住(14～15节)。这艘船,就如我辅导的许多对夫妇,被风暴抓住,抵挡不住。

在危机中不要做什么

一、不要偏航

我们在危机中受困时,会有三种典型反应,这也是这些水手做的三件事。由于敌不住风,"我们就任风刮去"(15 节),后来,"落下篷来,任船飘去"(17 节)。风暴导致我们偏离航道、失去目标;使我们忘记原有的价值观,任意而行。

水手没有罗盘装备,星辰又被风暴完全遮蔽,就陷在全然的黑暗里头。当你处在无法看见星辰、又没有罗盘引路的黑暗光景中,会怎么样呢? 你会偏离航道! 海浪来回撞击着你的船只,你只能任它摆布;人生中的激流反复打击你,你只能无奈地问:"努力有用吗? 为什么要跟它搏斗呢?"然后就随波逐流。

二、不要丢弃

使徒保罗前往罗马的航程每况愈下:"我们被风浪逼得甚急,第二天,众人就把货物抛在海里;到第三天,他们又亲手把船上的器具抛弃了"(18～19 节)。危机出现时,我们先是偏离航道,再是"抛弃生活中的东西"。水手最先抛弃货物,再来抛弃船具,然后抛弃食物(38 节),最终抛弃自己(43～44 节)! 他们都从船上跳下去,开始游向海岸。

通常,我们发现自己处在生命的危机中,就会想要抛弃原本认为重要的东西、抛开美好时光持守的价值观。我们为了解除压力,就想丢弃东西;我们变得容易冲动、放弃梦想、背离关系、扔掉儿时学来的价值观。

三、不要绝望

水手做的第三件事,就是放弃希望,"太阳和星辰多日不显露,又有狂风大浪催逼,我们得救的指望就都绝了"(20 节)。在极度的危机中,我们最终到了绝望的地步,并放弃了所有的希望。在遇到困难时,我们丢弃的最后一样东西就是希望;我们丢弃希望,就会陷入绝望。

水手们有十四天的时间,在全然的黑暗中,待在地中海中间的一艘小船上。他们被风暴来回重击,直到抛弃了每一样东西,并放弃了一切希望。你现在或许就是那种感觉。你曾否在上礼拜、上个月、上一年,经历到有个困难反复打击你? 你曾否到一个地步,把所有东西都丢掉,落入绝望的境地? 请记得,这些水手之所以放弃希望,是因为忘记神在掌控,忘记神有计划,忘记神可以在绝望的景况中注入希望。

保罗对危机的反应

这个故事惊人的部分在于保罗的反应。水手与保罗对这个危机的反应有着天壤之别；这些水手绝望、沮丧、消沉、抛弃船上每一样东西，想办法让船只继续漂浮；保罗却是平静、安稳、勇敢，不被任何事情扰乱内心的平安。

我们在危机中很容易会有水手们的自然反应，但这不必是我们的反应。基督教信仰的其中一个考验，就在于我们如何处理危机。我们凡事皆顺利、祷告蒙垂听、身体都健康、收入在增加时，很容易像个基督徒；因为那种时刻很容易作基督徒。

信心的考验在于问题来临时，我们是否会失去希望、偏离航道、抛弃人生中真正重要的东西？品格是在危机中"显露出来"，而不是"制造出来"；品格是在日复一日、平凡琐碎的事务中生发出来。我们在日常生活中培养品格，但却在船难时刻、在生命受到威胁的处境中显出品格。

环境看来像要分崩离析，船只看来就要毁于一旦，该怎么办？当巨大的问题排山倒海而来时，该怎么办？水手们做了什么？他们"恐怕撞在石头上，就从船尾抛下四个锚，

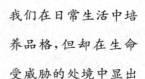

我们在日常生活中培养品格，但却在生命受威胁的处境中显出品格。

盼望天亮"（29 节）。遭遇风暴时，最安全的做法就是抛锚、站稳、等候；圣经说："倚靠耶和华的人好像锡安山，永不动摇"（诗一二五 1）。

人们往往遇到重大问题时，就想同时改变生活，因为他们觉得过于难受、承受不住。因死亡或离婚而失去配偶的人，典型的反应是："我要辞掉工作、卖掉每样东西、搬到一个全新的地方从头再来！"但那正是他们**不需要**的一些变化，他们需要做的，就是抛下一些锚，先安定下来。

心灵的锚

保罗为什么这么有信心？因为他有三个重大的真

理,也就是三个基本信念,作为心灵的锚在鼓励他。这三个真理把你稳固在磐石上,使你在危机的风暴来回撞击时坚定不移;这是你可以用来建立人生以及在风暴中安稳的真理。

一、神的同在

危机中的第一个锚是"神的同在"。保罗在风暴中说:"因我所属、所事奉的神,祂的使者昨夜站在我旁边说:'保罗,不要害怕'"(徒二十七 23～24)。我们从这里学到,风暴从来无法阻挡神看见我们;我们或许看不见祂,但祂看得见我们。我们可能以为神在千万里之外,但祂却与我们同在,并看顾着我们。神差派祂的个人代表,一位天使,来告诉保罗说:"我与你同在,我看见你在地中海风暴中的那艘小船里面。"

神在圣经中应许我们:

"我总不撇下你,也不丢弃你"(来十三 5)。

"我就常与你们同在,直到世界的末了"(太二十八 20)。

"我要求父,父就另外赐给你们一位保惠师,叫祂永远与你们同在"(约十四 16)。

圣经一再地说,无论我们在哪里,神都与我们同在;我们从不需要独自应付任何事情,因为神始终与我们同在。无论你现在经历什么景况,神都与你同在;祂是你可以全然信靠的锚。

二、神的目的

我们在使徒行传二十七章 24 节,看到在危机中的第二个锚。保罗引用天使所说的话:"保罗,不要害怕,你必定站在凯撒面前;并且与你同船的人,神都赐给你了。"神告诉保罗:"我对你的人生有一个计划,你在这艘船上,是因为我有一个目的;你人生的目的,大过暂时遇到的风暴。"在危机中的第二个锚是"神的目的"。

每位基督徒都应当有一种使命感;无论你出生在什么样的环境,都不是偶然。你生活在这个世界上,不是只为占一席之地,神对你的人生有特定目的和计划;风暴只是暂时

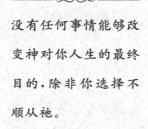

没有任何事情能够改变神对你人生的最终目的,除非你选择不顺从祂。

的挫折,为要帮助我们完成那个目的。

没有任何事情能够改变神对你人生的最终目的,除非你选择不顺从祂;你若选择拒绝神的计划,祂会容许你那么做,但圣经教导我们,没有其他人能够改变神对你人生的计划。神把决定权留给你,你可以或接受或拒绝;然而,只要你说:"神啊,我愿意照祢的旨意而行!"那么,无论外界发生什么事,外来的势力都不能够改变神对你人生的计划。

神的目的大过你经历的任何境遇;神的计划超过你现在所面对的问题。重点在于:不要看重问题过于看重生活的目的,你若是这么做,就会偏离目标,并失去重心。你若是将眼目专注于问题,而不是专注于神对你人生的目的,就会绝望;你一旦失去目标,就会看不到你存在的重要意义,人生变得毫无指望。

三、神的应许

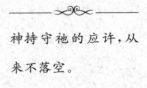

神持守祂的应许,从来不落空。

我们在第 25 节看到危机中的第三个锚。保罗说:"众位可以放心,我信神祂怎样对我说,事情也要怎样成就。"

第三个锚是"神的应许"；神持守祂的应许，从来不落空。风暴无法阻挡神看见我们，因为祂始终与我们同在；风暴无法改变神的目的，因为祂的目的至高无上；风暴无法摧毁神的儿女，因为祂的应许永不落空。

我们有些人现今正经历毁灭性的危机，我们的问题太过窘迫，我们认为再也没有比这更失败的了。然而，神对你说："你可能失去船货，可能失去船上的器具，可能失去船只，甚至可能浑身湿透；但因为神的应许，你会安然渡过。"正如俗话所说："神说了，我相信了，那就平安了！"所以，你应该做什么？放轻松，在危机中有信心！

等候时要祷告

我们在等候危机过去的同时，应当做什么？做水手所做的同样事情："恐怕撞在石头上，就从船尾抛下四个锚，盼望天亮"（徒二十七29）；我们要在神的真理上稳住自己，并祈求黎明来到。

这艘船最终的结局是什么？黎明来到！"到了天

亮,他们不认识那地方,但见一个海湾,有岸可登,就商议能把船拢进去不能。……这样,众人都得了救,上了岸"(39~44 节)。

在你人生的风暴中,神说:"我与你同在。"但愿这个真理稳固你的人生,在你面对的每一个危机中,赐给你信心;风暴无法阻挡神看见你,也无法阻挡你看见神。你现在或许正在经历困难的时刻,但神对你的人生有一个目的;这所有的危机都是有原因的,你会安然渡过并且安全上岸!

思想化为行动

1. 你在哪一个场合中所作的决定,不像使徒保罗所作的,而是更像水手所作的典型决定?

2. 你在最近的危机里面,如何经历"神的同在"这第一个锚?

第九章

我要如何面对改变？

你若能改变关于自己的一件事，那会是什么？大部分的人都有兴趣改变自己。"自助"书籍在畅销书单上，常年上榜；《纽约时报》甚至有专栏介绍精装和平装的咨询书。我们为了有所改变，参加研习会、读书、节食、听录音带。

神也要我们改变。一个从来不肯改变的人生是很大的悲剧，是在浪费生命；改变是成长必要的部分，改变是为了保持新鲜和进步。

但我们从书本或研习会得到的新观念，似乎只能作用一时、无法长期适用。我们之所以会改变一阵子，却没有永

任何持久的改变必须从内在开始，而那是神的工作。

久果效,主要原因在于那是从**外在**行为,而非由**内在**动机来改变;任何持久的改变必须从内在开始,而那是神的工作。

我们从雅各的事迹看到神改变人的过程,这个过程帮助我们成为想成为的人。创世记三十二章记载的事件,是雅各一生戏剧性的转捩点,可以作为神如何改变我们的实例。

四个步骤的过程

雅各在某种程度上可说是个狡猾的人,他的名字在希伯来文甚至是"欺骗者"或"狡诈者"的意思。但有一个改变他人生的经历,把他转变成另一个新的人,使他成为以色列;而以色列国后来就是以他这个名字命名的。雅各在那个经历之后,就不再是同一个人了。

这个改变过程有四个步骤,而经文的信息也鼓励我们不需要固守原样;只要肯让神动工,祂就会帮助我们改变,并克服生命中的弱点或伤痛,成为自己想作的人。我们要如何让神这么做呢?

创世记第三十二章讲到,有一天晚上雅各独处时,有个人(根据何西阿书十二章4节,是一位天使)出现,并与他摔跤直到黎明。

> 那人(天使)见自己胜不过他,就将他的大腿窝摸了一把,雅各的大腿窝正在摔跤的时候就扭了。那人说:"天黎明了,容我去吧。"(创三十二25～26)

你可能会问,几千年前雅各与天使摔跤的事情,跟我今日的改变有什么关系? 在这个事件当中,有几个重要的洞见,清楚指出改变所需的四个步骤。这四个步骤是:经历危机、全力坚持、承认己过、与主合作。

一、经历危机

被神改变的第一个步骤是"经历危机"。雅各与这位天使摔跤了相当长的时间,他们互相拼搏,却分不出高下。黎明时,天使不想再跟雅各较力下去,因为他发现自己无法控制局面,他赢不过雅各。

我们在这里看到,神要改变我们时,先把我们放在很令人泄气、无法掌控的处境中,来"引起我们注意";我们若是现今正处在危机当中,这是因为神已经准备要改变我们。我们若不是对目前的景况感到厌倦、难受、不满、糟糕,就绝不会有动力让神在我们人生中作工。

母鹰为了幼雏的好处,会咬住幼雏的巢穴搅动它,让幼雏不舒服,然后把它们踢出去,强迫它们学习飞翔;神对我们的人生也是如此,祂让我们不舒服,因为祂知道什么对我们最好,祂要我们成长。祂让我们在人生中遇到危机、困难、不适、挫折,来引起我们注意;祂需要这么做,因为若不是我们经历的痛苦超过对改变的害怕,我们是不会想要改变的。

二、全力坚持

被神改变的第二个步骤是"全力坚持"。天使要雅各放他走的时候,雅各回应说:"你不给我祝福,我就不容你去"(26 节),雅各坚持待在那个景况里面,直到问题解决;他不喜欢令他挫折、消沉的处境,便使劲抓住神不放,直到神把它转为好事。

我们从这里学到:神用问题引起我们注意后,并没有马上解决问题；祂多等一会儿，看我们是否真的在乎这件事。大部分的人错失神要赐给他们人生的最好，是因为太早放弃、退出、气馁。神容许他们的人生出现问题时，他们不是坚持在那里，说："神，我不放祢走，除非祢祝福我，除非祢把情况转变！"而是放弃，最后错失神所赐的最好。

通常人们找我辅导婚姻冲突之类的事情时，我会问："你为这个情况祷告过吗？"

他们回答："哦，当然，我祷告过。"

"多少次？"

"一次。"

我们那么功利地每件事都要速成——速食面、速成办法、速成结果；一次的祷告没有得到速成答案或速成转变，我们就说："神啊，算了吧！"有时候，一对夫妇在婚姻中努力挣扎，而成功就在转角、办法就在手边时，他们却提早放弃，功亏一篑。

我们要记得，即使真的有所改变，也不可能一夜之间就全然改观；我们的态度、行为、习惯、恐惧、软弱、回应配偶的

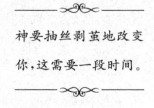

神要抽丝剥茧地改变你，这需要一段时间。

方式等等,都是长期形成的,神要抽丝剥茧地改变你,这需要一段时间。

我们也需要花时间适应新环境和新状况。心理学家说,生活中某件事情要成为习惯之前,需要六个礼拜的时间天天做那件事。这是为什么许多人从未对读经产生爱好,因为我们读两三天、错过几天、再读几天,从来就没有通过六个礼拜的障碍,以致不觉得读圣经有什么乐趣;我们要对这个美好的新习惯感到自在之前,必须至少用六个礼拜的时间每天读经。

无论做什么都**不要放弃**,希望就近在咫尺;你要全力坚持,得到神要赐给你人生中最美好的一切。

三、承认己过

被神改变的第三个步骤是"承认己过"。天使问雅各:"你叫什么名字?"他回答:"雅各"(27 节)。天使问这个问题目的何在? 是要雅各说出名字的同时,认识到自己的性格。这个名字是"欺骗者"或"狡诈者"的意思。雅各想起欺骗哥哥以扫的事,所以当天使问:"你是什么样的人?""你是什么性格的人?"雅各回答:"我是欺骗者,我是狡诈者";他诚实面对自己,承认他性格上的缺点。

这是神改变我们的过程中很重要的部分,除非我们诚实面对,并承认自己的缺点、罪过、软弱以及错误,否则神

> 除非我们承认自己错了,否则神不会在我们身上动工。

不会在我们身上动工。我们需要说:"主啊,我是在一团混乱里面、我有问题、我承认我做错了",然后,神就可以开始作工。

你是否注意到我们多么容易为自己的问题找借口?我们是责怪别人的专家!我们会说:"你知道,这不是我的错,这是我成长的环境、我的父母造成的!"或是说:"我现在的状态是老板造成的!"为什么会这样?因为我们很难承认自己的错,也很怕请求别人帮助。

我们为什么应当向神认错?是为了让祂知道发生了什么事吗?不是的,祂早就知道了;我们向神坦承犯罪,祂不会惊讶,因为祂自始至终都知道我们的问题。祂要我们认错,是因为要我们谦卑承认:"神啊,祢是对的,我有问题,我把事情搞砸了!"我们一旦这么做,神就赐下祂所有的资源和能力,帮助我们变得更好;到这个地步,我们就可以开始成为自己始终想作的人。

雅各生平中的这个事件，不只是一场摔跤，而是神在我们人生中动工的实例。首先，祂带来令人挫折的危机，就如摔跤，我们在其中与那个景况搏斗。其次，我们承认"显然不会赢，我无法凭己力来控制局面，只会继续把事情搞砸！"第三，我们需要全力坚持在那个景况中，求神来解决问题。

神会回答说："我不会马上帮助你摆脱困境，因为我要看你是不是当真；你说你想改变，所以我要让问题暂时保留，看你是不是说话算数。"

我们若是在这个关键时刻退出，将来还是会遇到同样性质的问题；我们现在不学，以后还是要学，神总会用某种方法来教导我们这个功课。我们若是危机一开始出现就适当回应，可以省却许多麻烦。

四、与主合作

被神改变的第四个步骤是"与祂合作"。雅各一承认他是谁，并开始与神的计划合作，神就改变他。雅各称他与天使摔跤的地方"毗努伊勒"，就是"神之面"的意思(创三十二 30)；雅各面对面见到了神。

我们每个人最终都必须与神面对面，而我们那么做时，神就可以改变我们。

神对雅各说："我现在可以开始作工了，我要你放轻松，与我合作，并信靠我，我会作你想作的改变，我会祝福你！"神没有说："雅各，你要努力去尝试，靠你的意志力来作完美的人"；神知道你这样做不会成功，因为意志力不会让我们的人生有永久的改变。那只是我们试图战胜外在环境，唯有内在动力能够带来永久的改变，而那是神的工作。

雅各开始合作时，神就动工。祂所做的第一件事，就是给雅各新的名字、新的身份。神说："你的名字不要再叫雅各，要叫以色列"（28 节）；我们与神个别相遇后，就不再是同样的人。神把雅各从欺骗者和狡诈者改变为"以色列"（神的王子）。神知道雅各的潜能，祂看到雅各表面上想作属世的聪明男子汉；祂看到雅各的所有弱点，但祂也看到雅各的内在。神说："雅各，那不是真正的你，你实际上是以色列，是个王子"；神看到雅各里面的王子，从前的欺骗者成为以色列国后来用作国名的人。

■ 让神作工

神始终知道如何将你生命中最好的一面展现出来，袖比你更知道怎么做。若是你让袖行事，袖会动用任何所需的资源来完成袖的目标，袖不要你浪费生命。

你想要神祝福你的人生吗？那就将现在这个令你难受的状况交托给神，说："神啊，我要将它交托给祢，我要紧紧抓住祢，直到祢把这个问题转变为美事"，然后承认你需要认的错，并与神合作。

请注意雅各这个故事中的一个细节。圣经说："日头刚出来的时候，雅各经过毗努伊勒，他的大腿就瘸了"(31 节)；他们摔跤时，天使将雅各的大腿窝摸了一把，结果雅各的余生都跛着腿走路。

这是含意深远的，因为大腿筋是人身上最有力的其中一条；神要引起雅各注意时，碰触了他的强项。当我们骄傲地认为："这是我最精通、最擅长的地方！"神会碰触那个地方，来引起我们注意。神碰触雅各的大腿，是要他在有生之年提醒自己：我不能再凭自己的力

量度日,而是要靠神的能力生活;这样才能够成为更强
壮的人。

▍不要逃跑，要站立

在雅各生平这个事件中,还有一个洞见。雅各由
于经常骗人而陷入麻烦,但他一碰到乱局就起身逃跑、
退离现场。最后,神说:"我要让他跛行来对付他这种恶
习!"雅各再也跑不了了,他的余生都必须站着紧紧倚靠
神,而不是倚靠自己来面对问题。神常常把明显的弱点
放在祂祝福的人身上,而这个弱点往往是身体上的某种
问题(就如保罗"身上的一根刺",林后十二 7~10)。

你呢? 你希望长久的改变吗? 你人生中最想改变
哪一件事? 或许是一个习惯、
一个弱点、一个怪癖;或许是
某件让你陷入麻烦、超过你所
能控制的事情;或许是某个令
你感到不安、烦恼、潜力无从
发挥的困境。

祂要你经历危机、全
力坚持、承认己过、与
主合作,祂要在这些
过程中改变你。

131

你想要神改变你的人生吗？祂乐意用祂自己的方式来改变你；祂要你"经历危机"、要你"全力坚持"、要你"承认己过"、要你"与主合作"，祂要在这些过程中改变你。祂改变你的时候，就会是永久的改变；你不用担心意志力坚强与否的问题，因为你会与神合作，你要放轻松，并信靠祂。

或许你曾经用借口、责怪他人或自圆其说来限制神，你很难放下面具，说："神啊，我有弱点，我有问题！"除非你这么做，否则事情就只会保持原样；你这么做，余生就会有所改变。

好消息是：神在你连自己都不喜欢的你里面，看到一个以色列；祂看到你生命中的王子或公主身份、看到你可以成为的人、看到你的潜力，祂要把你从雅各改为以色列。让神作祂的改变吧！

思想化为行动

1. 你人生中最想改变哪一件事？

2. 请仔细思考改变过程中的每一个步骤，你要怎么应用在现今的景况里？

第十章

我要如何突破困境？

士师记十三章至十六章详细叙述了参孙的事迹。他的故事一开头就令人印象深刻。有位天使向一对不孕的夫妇宣告说，他们会奇迹般地得到一个儿子，这个儿子将来会成为以色列人的士师。参孙长大以后，确实作了以色列人的士师二十年。当时"士师"（Judge）这个词的意思与我们今日的意思不同，参孙是军事领袖以及宗族的族长。那时，以色列的主要敌人是非利士人。

参孙这位领袖有人人羡慕的每样东西：超自然的力量、英俊的长相、与神的关系。不过，在这之外，他却是自己最顽强的敌人；他浪费生命，给自己带来各种麻烦。

很不幸地,人性自古至今皆同,我们今日仍然会落入像参孙遇到的同样陷阱。参孙作了三个致命的选择,把他的人生搞得一塌糊涂,但却没有从错误中学习。人要"自讨苦吃",有三种最普遍的方式,而参孙正是这种人的典型代表。我们若是能够识别这三个陷阱,就可以解决现今遭遇的问题,并在将来避免一些麻烦。

从错误中学习

我们从参孙的生平学到的第一个功课是"不肯从错误中学习,就是在自讨苦吃"。参孙在他的人生中有两个最大的弱点,而他从未学习去克服。这两个弱点终其一生烦扰他,后来导致他身败名裂。第一个弱点是"坏脾气"。参孙经常发怒,很容易大发脾气;他采取行动的主要动机是为了报复。圣经说,参孙因为发怒,就击杀了三十个人,夺了他们的衣裳(士十四 12～19);他为了报复,放火焚烧非利士人的禾田(十五 3～5);他对一群不喜欢的人说:"你们既然这样行,我必向你们报仇才肯罢休"(7 节)；后来他说："他们向我怎样行，我也要向他们怎样行"(11 节)；之后他又击杀了另外一千人。

参孙的另一个弱点是"未加克制的情欲"。他的身体很强壮，道德上却很软弱；他故意忽视神的法则，在可悲的失败循环中打转；他从来不肯学习功课，一再重蹈覆辙。他最爱玩的游戏就是："我可以离火多近而不着火？"

参孙喜欢跟非利士妓女大利拉玩这种游戏。她一直问参孙力量的来源，却一再被参孙戏弄，但每次都得到进一步的真相。参孙跟大利拉玩耍，其实是在跟玩火的诱惑玩耍，结果很快就引火烧身。我们很容易做同样的事；我们喜欢玩"就这么一次"的游戏，喜欢享受罪中之乐。"我就玩这么一次"、"我就担心这么一次"、"我就沮丧这么一次"、"我就试试这么一次"。

没有人计划失败，但它就是会自然而然、亦步亦趋地临到；这是一步一步的过程，我们会在其中一点一点地软弱下来。我们整个人生不会一天之内就分崩离析，但若不肯从错误中学习，过一段时

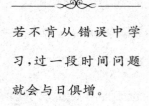

若不肯从错误中学习，过一段时间问题就会与日俱增。

间问题就会与日俱增。

你可能说："这是我天生的一部分，我没有办法控制；我一再地在这上面失败，这是我生命中根深蒂固的弱点；我不知道怎么克服，我的本性就是如此。"

好消息是，神说："我会赐你能力来打破失败的循环。"当参孙最后面对自己的弱点，神就打破他失败的循环，赐给他能力做该做的事，并赐给他胜利；当我们面对真相时，神就会为我们做同样的事。

选择朋友

我们从参孙的生平学到的第二个功课是"选择损友，就是在自讨苦吃"。有个人说得很有道理："你若想与老鹰同飞，就不能跟乌龟同跑"；你最后会像你花最多时间待在一起的那种人，那是为什么选择益友很重要。神拣选参孙从事特殊的任务，他却被交往的对象带坏，发展不健康的关系，偏离正道。

> 你若想与老鹰同飞，就不能跟乌龟同跑。

　　神对我们每个人都有特定的目的,但我们若选择损友,就会自讨苦吃。我们要问自己这些挑战性的问题:"我的朋友拦阻我全心为主而活吗?""他们是在拆毁我,还是在建立我?""我必须为了他们去做自己不想做的事情吗?"箴言书一再警告我们关于交友的事情。我们若一直接触错误的心态和价值观,最终就要为它付出代价;拉人下海总比扶人一把更为容易。

　　你应当有什么样的朋友? 那些会帮助你、提升你、鼓励你、欣赏你的人,才是你应该交往的对象。

▌认真看待神

　　我们从参孙的生平学到的第三个功课是"不肯认真看待神,就是在自讨苦吃",这是其中最重要的一个原则。参孙的整个人生对属灵的事情漠不关心,他从未认真看待神,而这个问题不只表现在一个方面。

　　首先,参孙始终我行我素。他为自己而活,基本上过着很自私的生活;他让个人欲望主导行动,以"觉得好就去做"的理念度日。神对参孙有重大的计划,对你也是一样；祂对你的人生有一个目的，你不是偶然来到这个世上。但参孙以漫不经心、理所当然的态度看待事情，从未认真过，以致枉费一生。他作了二十年的士师，不但没有制伏非利士人，最后反倒被他们制伏。

参孙没有认真看待神的另一个表现是，我们看不出他曾为任何事情祷告过，除了最后扳倒房柱之前所作的那个祷告之外（士十六 28～30）；他冲动、鲁莽、不求问神方向，只是一意孤行。

我们若是在双足踩进一团混乱之前，停下来求问神方向，就会省却许多麻烦和减少许多痛苦。参孙只有在陷入窘境时才转向神，那是所谓"散兵坑式的基督教信仰"："主啊，只要祢让我脱离这个困境，我答应从现在起就为祢而活！"

对许多人而言，神只是一种额外、一种便利；事情艰难紧迫时，他们就拼命求神帮忙，诸事顺利时就把神搁在一边。认真地看待神，意味着留意祂所说的话、每日寻求祂的引导和智慧。

参孙从未真正为神而活，

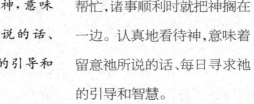

认真地看待神，意味着留意祂所说的话、每日寻求祂的引导和智慧。

一直到人生终点、所有的一切都崩溃为止：非利士人抓住他、剜了他的眼睛、让他在磨坊推磨，做原本动物在做的事情。

请注意参孙在一败涂地之后做了什么：求告耶和华(士十六 28)。我在想，他若是一开头就凡事求问神，他的生平故事会怎么改写呢？他为什么要等到什么事情都垮掉了，最后才转向神？参孙不求问神的结果，使他完全失去生命中的潜能。他身败名裂、失去自由，受制于他原本被派去征服的人民；他真的是种了什么就收成什么！

神从未放弃

故事要是停在这里，那就真是一个绝望的悲剧，还好不是这样。非利士人剃掉了参孙的头发，这原是参孙与耶和华立约的记号。不过，参孙的头发只是外在的象征和力量的**记号**，并不是力量的**来源**。非利士人给参孙剃头，好像是在说："参孙，我们是从外在去除那个在你内心已丢弃的东西，你并不是真的对你跟神之间的承诺认真。"

　　请留意，"他的头发被剃之后，又渐渐长起来了"（士十六 22）；参孙开始更新的过程，他悔改并求告耶和华。当参孙求神赐力量时，神就应允他所求的，恢复他的力气；最后，他以感人的英雄气概结束了自己的性命。

　　参孙被带进假神大衮的庙堂，上千个仇敌在那里讥笑、嘲弄他和他的神——以色列的真神。参孙站在大庙的两根房柱中间，用尽神应允赐给他的最后一丝力气，奋力屈身，以致房顶倒塌，压死房内众人以及在房顶上观看的三千男女。神起初差派参孙去征服敌国，如今"参孙死时所杀的人，比活着所杀的还多"；虽然这是对参孙生平一个令人难过的结语，但他最后的确打败了敌人。神给参孙第二次机会时，他在人生的终结有了最伟大的胜利。

　　从一方面来说，这是很安慰人的事实。或许你觉得你的人生一塌糊涂，神绝不会再爱你和使用你，但请记得参孙。神从未放弃参孙，祂也不会放弃你；神看到你的潜力，祂记得为什么要造你，祂知道你是为祂要成就的某件大事而被造。你唯有进入神旨意的中心，才会豁然开朗地理出头绪,明白自己为何被造。你意识到自己在做神造你去做的事,就会感到很充实,觉得自己在神的眼中是个成功的人。

主恩的安慰

关于参孙,有某件很鼓励我们的事情,他竟然被包括在希伯来书十一章罗列信心伟人的名人堂里面! 为什么? 因为神仍然可以使用一个在人生各方面全然失败的人,成就美好的大事。神若是单单使用完美的人,就不会成就什么事情;那些不完美的、软弱的、甚至犯大错的人,祂反倒能够使用他们来成就大事。

你是参孙的话,该怎么做? 就做参孙最后所做的,将你生命的每一部分都交给主,让祂对你说:"我会赐你力量来解开那些缠累你、压制你、使我无法在你生命中动工的事情。"唯有神知道你的杰出和潜力,但你无法凭自己发挥出来;神必须用祂的能力来助你一臂之力。今天就让祂开始动工吧!

思想化为行动

1. 你现在最能够认同参孙所犯的哪一个错误？

2. 你计划如何跟进神所提供的第二次机会？

第十一章

我要如何排解孤单？

"孤单"是人所能体会最难受的感觉之一。有时候，你可能会觉得没有人爱你，甚至没有人关心你是否存在。你未必在独处的时候才觉得孤单，即使在人群中，你也会觉得孤单；你的孤单并不是由身边的人数多寡来决定，而是由你跟他们的关系远近来决定。我们现今居住的都市世界，人们住得更近，心却隔得更远。

你可能富有却孤单吗？问问已故的航空及电影大亨霍华德·休斯（Howard Hughes）！你可能美丽却孤单吗？问问已故的女明星玛丽莲·梦露（Marilyn Monroe）！你可能已婚却孤单吗？问问那些因孤单而结婚，几年后又因同样理由离婚的人！

每个人都有过孤单的时刻,它有明显的导因和明确的疗方。有时候,孤单是自找的,但另有些时候,我们是处在不可避免和无法控制的状态里头;使徒保罗写提摩太后书时,就是那样的处境。他从罗马监狱写信给好朋友提摩太时,已经是个垂死的老人,他催促年轻的提摩太来探望他,因为他很孤单。

孤单的导因

孤单有四个基本的导因。

一、遭到转变

孤单的第一个基本导因是"转变"。我们的生活充满转变和不同的阶段;长大是一连串改变的过程,而任何改变都可能产生孤单感。你生下来时觉得孤单,你哭,直到有人抱你;你第一次上学时觉得孤单,你得到新工作时觉得孤单,你换工作时觉得孤单,你退休时觉得孤单,你心爱的人过世时觉得孤单。

我们需要去面对任何新经验时,都可能会觉得孤单。最糟糕的是，我们很容易孤立那些垂死的人；在养老院有百分之七十的人从来没有任何人去探望过！

保罗处在他人生最后的转变阶段。他知道他的时日不多，他很孤单。他说："我现在被浇奠，我离世的时候到了"（提后四6）。其实他是在说："我知道我的时日不多，我可能很快就会在尼禄王的手下殉道，若是不然，我也会因为年老而去世。"保罗在他最后的年日独处时，他写道："那美好的仗我已经打过了，当跑的路我已经跑尽了，所信的道我已经守住了；从此以后，有公义的冠冕为我存留"（7～8节）。

二、与人隔离

孤单的第二个基本导因是"隔离"——与朋友、家人（因职业、从军或其他因素）分开而导致孤单。单独拘禁是最泯灭人性的惩罚方式，因为每个人都需要别人；我们需要交流，我们需要彼此接纳。

保罗从狱中写信给提摩太说："你要赶紧地到我这里来"（9节），然后保罗提到他好朋友的名字，但除了路加以外，没有朋友跟他在一起。保罗告诉提摩太："我想念这些人。"他们是保罗最好的朋友，是他过去一起旅行布道的同伴。保罗喜欢跟人在一起，喜欢在人群当中，他从来没有单独去任何地方。但如今在人生的尽头，他体会到隔离的孤单，因为他在国外的监狱里面，他的朋友在别的国家。

我们现在的时代，拿起电话就可以跟某个人通话，但在保罗的年代，他无法像 AT&T 电话公司出名的广告词说的那样"伸手就能碰到你"；他要花很长时间才能够联系到某个人。

在这段经文里面，保罗两次写到要提摩太"来"（9、13 节），然后说："你要赶紧在冬天以前到我这里来"（21 节）。他为什么这么说？因为时日将尽，他是在说："提摩太，我可能不会活太久，我真的很想见你，快过来看我！"

你需要打电话给谁？需要写感谢信给谁？趁着还有时间，现在就做！这个迟来的联系会帮助某人解除隔离的孤单。

三、受人敌对

孤单的第三个基本导因是"敌对"。保罗说："铜匠亚历山大多多地害我"（14 节），换句话说："我不仅愈来愈老,独自在这里坐监,还受到攻击。"我们不知道亚历山大对保罗做了什么,或许他毁谤保罗、破坏他的名声,或许煽动人反对保罗。

小孩子在操场上会讲一些很难听的话。你还记得小时候被一伙人联合起来对付吗? 在某次下课的时候,突然间,每个人对着原本受欢迎的你说:"你不再是我们的朋友了!"你觉得受到敌对,觉得孤单。当别人在开心地玩耍,而你却要承受这种被人排斥的痛苦时,你会觉得孤单。你被人误解、被人为难、被人羞辱时,会觉得孤单。这种情况发生时,我们会想要把自己缩进壳里,筑起围墙;然而,这样做只会让你更孤单。

四、被人拒绝

孤单的第四个基本导因是最严重的一个,会导致极大的痛苦;那就是"被人拒绝的孤单"。你觉得好像被人出卖或遗弃;你在有需要时被最亲近的人抛弃。

保罗有这种感觉,他觉得被人离弃。他提到在尼禄王面前受审的事:"我初次申诉,没有人前来帮助,竟都离弃我"(16 节);你几乎可以听到保罗痛苦的声音:"我遇到艰难时,每个人都离开我,审判开庭时,没有人在那里。"没有人为他申诉，每个人都躲开了。

人所面对最难受的一件事，就是被人拒绝。这是为什么离婚这么痛苦，这是为什么神恨恶通奸；这是一种背叛和伤害，是一种不忠、抛弃、离弃的行为，是令人非常痛苦的感受。神说，每个人都有被人接纳的情感需要，当这种需要遭到破坏时，是很严重的罪。

■ 对付孤单

有人用自己认为的好方法或自卫来对付孤单。有一种自我防卫的方法是变成工作狂，把所有的时间和精力都用来工作、工作、工作。你清早起来整天工作，直到晚上筋疲力尽地瘫倒在床上，但最终会对你的身体和情绪造成很大的伤害。

有些人用物质来对付孤单，他们疯狂地买东西，认为："我要是有一大堆东西在身边，就会快乐！"然而，"东西"不能满足你。若是有人把你放在孤岛上，跟你说："你可以应有尽有，就是不能接触人。"你认为自己会开心多久？不会很久，因为"东西"不能满足你，你无法买来快乐。

　　有些人因为孤单而搞外遇，另有些人转向酗酒或嗑药；有些人什么都不做，就是坐在那里自怜。

　　保罗做了什么？在他经历孤单时，他做了四件事来对抗孤单，而这对今日一样适用。克服孤单时刻的四件事是"有效利用时间"、"减低伤害程度"、"认识神的同在"、"同情别人的需要"。

一、有效利用时间

　　对抗孤单的第一个方法是"有智慧地利用时间"；换句话说，充分利用最糟糕的情况。你要抵挡"什么事都不做"的试探；你若是单单坐在那里无所事事，孤单会让你瘫痪。你要抵挡它，想一些创意的方法来利用你这段不受打扰的时间。

　　正如俗话所说的："生活若是给你柠檬，你就制作柠檬汁！"做任何你能够做的事来对付孤单。保罗做的是："我已经打发推基古往以弗所去"（提后四 12），还有："我在特罗亚留于加布的那件外衣，你来的时候可以带来；那些书也要带来，更要紧的是那些皮卷"（13 节）。保罗不愿意坐在那里百无聊赖。他没有自言自语:"可怜的我啊!可怜的我啊!"他没有怨天尤人:"神啊,这是我服事三十年的报酬吗?这是我开拓许多教会,负责任地在罗马世界传播基督教的奖赏吗?我得到的就是孤孤单单地死在发霉的罗马监狱里吗?"

保罗没有自怜,反倒说:"我若是非得孤单一人,最好让自己舒服一点,我要充分利用最糟糕的情况;把我的外套带来,至少我会暖和些!"

通常,孤单的人不会照顾自己;他们不好好吃饭、不去运动、忽视个人的需要。但是保罗说:"把我的外衣和书卷带来,我要好好利用不受打扰的时间来写作和读书。"这对保罗是很大的改变,因为他是个活跃的人,到处建立教会;他最想待在歌罗西传道,而不是待在监狱里读书。然而,有时候神可以用孤单来成就美事;保罗若是待在歌罗西,他就会去传道,但神留他在监狱,我们后人就有大半的新约圣经可读!

或许神可以让保罗坐下来的唯一方法,就是让他待在监狱里。而保罗的回应是:"我若是去不了那里有所行动,就待在这里制造行动。"

二、减低伤害程度

对抗孤单的第二个方法是"减少伤害到最低程度";我们要降低孤单的严重性,不要夸大它或一再重述它。不要让孤单使你变成苦毒的人,不要让愤恨积聚在你的生命中;保罗说:"没有人前来帮助……,但愿这罪不归与他们"(16 节)。

保罗手上有很多时间,但有件事他没有时间做,就是变成愤世嫉俗的人。他知道,愤恨只会让人更孤单和筑起生命的围墙;愤恨只会把人锁在自己强加的牢狱和赶走别人,因为没有人喜欢和充满苦毒、抱怨的人在一起。保罗说:"我要作更好(better)的人,不要作苦毒(bitter)的人,所以我要充分利用时间和减少伤害到最低程度。"

三、认识神的同在

对抗孤单的第三个方法是"认认神与你同在"。保罗说:"主站在我旁边,加给我力量"(17 节)。你孤单的时候,神在哪里? 祂就在你身边。耶稣说:"我不撇下你们为孤儿"(约十四 18);《钦定本圣经》翻译为:"我不撇下你们郁郁寡欢"。神说:"我总不撇下你,也不丢弃你"(来十三5)。

神无所不在,祂随时都在你身边,你可以经常跟祂说话;你只要了解这一点,就绝对不会真的孤单。"祷告"是你在孤单时刻可以使用的最绝妙的工具;你跟神说话,让祂向你说话。大卫体会到,与神相交是孤单时的最佳解药;他呼求神说:"神啊,我好孤单!扫罗王追逐我,逼得我只好独自躲在山洞里,但我的心思要转向祢。我要往哪里去躲避祢的面呢? 我若升到天上,祢在那里;我若在阴间下榻,祢也在那里,我无法逃避祢"(参诗一三九7~8,改写)。大卫发现孤单是一个信号,催促我们去更认识神。

福音歌手葛艾梅(Amy Grant)录制了一首很棒的诗歌,歌词说:"我喜爱孤单的日子,它让我想到祢;……它把我赶逐到祢面前,它洁净我的心灵。"她其实是在说:"神啊,孤单给了我机会真的专注在祢身上。"所以,你应当做什么? 做保罗所做的,不要闷闷不乐、不要落入无所事事的试探,要专心仰望神,让你的时间有价值。

四、同情别人的需要

对抗孤单的第四个方法是"用同理心去了解别人的需要"。你不是专注在自己，而是专注在别人；你不是往里看自己，而是往外看别人；你要开始去帮助其他孤单的人。那是保罗所做的；他整个人生的目标，就是一个对外的事奉——服事他人，而不是专注自己。正如他所说的："有主站在我旁边，加给我力量，使福音被我尽都传明，叫外邦人都听见"（提后四17）；保罗在人生终点时虽然孤单，但他从未忘记人生的目标就是帮助别人。

荷兰姑娘彭柯丽（Corrie Ten Boom）在年轻时彻头彻尾地爱恋一位青年男子，但他却突然跟她断绝关系，娶了她一个要好的女友；再也没有什么比被人拒绝、又被别人取

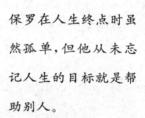

> 保罗在人生终点时虽然孤单，但他从未忘记人生的目标就是帮助别人。

代更难过的了。柯丽回家时，她父亲语重心长地跟她说："柯丽啊，他娶了别人，堵住了你的爱，现在，你可以做两件事来面对这个受到堵塞的爱。你可以筑水坝来

把所有的爱堵在里头，而让它最后吞噬你，或是把它疏导到某件事或某个人，专注在别人的需要上；你可以过一个充满爱的生活，去满足别人的需要。"我们从引人入胜的著作《密室》(*The Hiding Place*)，看到她选择了后者。

想想一对极其苦恼的夫妇，他们很想要孩子却是不能，他们要怎么抒发这满腔原本要给自己孩子的爱呢？他们可以保留在心底，或是把它疏导出去；世界上有许多孩子需要爱，这对夫妇可以专注在其他人的需要上。

我们必须停止在自己和别人之间建起围墙，而是要开始搭起桥梁。我们必须停止抱怨说："神啊，我好孤单"，而是开始说："神啊，今天帮助我做某人的朋友；帮助我搭起桥梁，而不是筑起围墙。"

爱是孤单的解药，与其等着被爱，不如给出爱，这样我们就会丰富地得到爱的回馈。

▌填满空虚

神对你的孤单说了什么？袖提供什么来填满你的

空虚? 祂说的第一件事情是:"我了解,我真的了解!"
神的儿子知道孤单是什么感觉。耶稣被钉十架的前一
天晚上,在客西马尼园独自度过最黑暗的时刻,因为祂
所有的朋友都睡着了;士兵前来抓祂去审判时,祂所有
的门徒都逃跑了;然后彼得又三次否认祂。耶稣在十
架上担负整个世人的罪时,大声喊着说:"我的神,我的
神,为什么离弃我?"(可十五 34)

　　耶稣了解孤单,祂对你说:"我了解你是什么感觉,
我关心你,我要帮助你!"你要在祷告中求祂帮助你胜
过孤单,并用祂所赐的爱,伸手出去接触周遭孤单
的人。

思想化为行动

1. 你有过什么样的孤单景况? 你是怎么克
   服的?

2. 想想你们教会、或邻居、或工作场所的某个
   人,你知道他觉得孤单,你有什么方法来帮
   助他排解孤单吗?

第十二章
我要如何逢凶化吉？

当我们遭受别人的搅扰、家人的冷落、朋友的出卖、同事的诬陷时，应当如何回应？旧约创世记三十七章至五十章讲述的约瑟生平故事，就是因别人惹来的麻烦而受苦的绝佳实例。

约瑟是十二个兄弟里面的倒数第二个，在这个家庭里面有许多手足之争；由于他们的父亲偏爱约瑟，其他的哥哥就特别嫉妒他。有一天，约瑟去找牧羊的哥哥们，他们便趁机把他丢进一个坑里，让他在那里等死。有一些周游各地做买卖的商人正巧经过，兄弟中有人说："我们不如把他卖掉，不要杀害他。"所以，约瑟被卖给外国商人，带到埃及去作奴隶。

约瑟身处国外，谁都不认识，起初也不会讲当地的语言,而且被迫作奴隶。在这之外,约瑟还因为主人的妻子勾引他不成,反过来诬陷他强暴,而被主人下到监里。约瑟既孤单又受伤害,他有各样的理由来问:"为什么是我?"

然而,我们留意到约瑟的态度。许多年之后,约瑟回想发生在他身上这些可怕的事情,他跟哥哥们说:"从前你们的意思是要害我,但神的意思原是好的,要保全许多人的性命,成就今日的光景"(创五十

> "从前你们的意思是要害我,但神的意思原是好的,要保全许多人的性命,成就今日的光景。"

20)。换句话说就是:"你们本意是不好,但神转而使用它,在你我以及其他许多人的生命中成就美事。"

学习约瑟的认识

约瑟为什么能够坚持下去?因为他在人生中认识到三个重要的真理,而这些真理帮助他忍受悲惨的景况,并克服逆境。

首先，约瑟认识到"神看见、并关心我们人生中经历的每件事"；他从来没有在这一点上怀疑过神。我们在约瑟的生平故事里头发现，每当他遇到重大危机或挫败之后，圣经就会出现一句很重要的话，总共五次："但耶和华与约瑟同在"（如创三十九 21）；即使每件事情都出了差错，主耶和华仍然与约瑟同在！

约瑟认识到的第二个真理是"神给每个人抉择的自由"。我们不是那种无法与神交谈且受祂控制的傀儡或机器人，祂给我们抉择的自由；每当我们选择忽视对的事情，神并不会强迫我们照祂的心意去做。通常我们自己惹来麻烦后，就会责怪神，好像那是祂的错；其实很多时候，我们在许多祂从未做的事情上冤枉祂。譬如，世界各地发生重大意外、悲剧、问题或危机时，我们就会听起来很属灵地说："这必定是神的旨意！"好像神很喜欢计划一些重大事故和令人痛心的事情。

神对你我的人生都有一个特别的心意，但祂也给我们自由意志；当我们选择偏行己路时，祂容许我们自作选择去犯错和自讨苦吃。不过，也由于每个人都可以自作选择，以致别人犯的错误和作的决定，就可能会伤害到我们。约瑟的哥哥们任意选择陷害他，这是罪，但神容许,因为祂没有要人作傀儡。

约瑟认识到的第三个真理是"神至终控制最后的结局"。神可以把人所犯的一切过错、罪恶以及别人对我们所做的坏事,全都转为好事;即使我们可能处处打败仗,祂却始终赢得战役,甚至把最糟糕的情况转为对我们有利。我们以为人生中的每件事情都分崩离析时,神有最终的答案;祂会决定如何处理我们面对的混乱。

想想约瑟,他差点丧命、被卖为奴、受人诬陷、下到监牢,他的生活每况愈下,然而神把这些悲剧转为更大的美事。约瑟坐监的时候,认识法老的要臣,当这人恢复官职时,想起约瑟可以为法老解梦;约瑟因此被带出监牢,受邀至法老宫中解梦。他说:"法老,神在告诉你,你的国家将要有七个丰年,然后是七个灾年,你需要为这事做准备。"

法老对约瑟印象极其深刻,遂封他为埃及宰相。约瑟从监牢里的一个外国奴隶,摇身一变,坐上埃及全地的第二把交椅,也因而拯救了埃及和其他几个国家,包括以色列,免于饥荒。

神看到发生的事情,但祂限制自己,让我们自由选择,不干预祂给我们的自由意志;但我们若是无论处境如何都信靠祂,祂就会使用这些坏的选择、甚至是发生的坏事,最终把它转为好事。这是为什么约瑟在人生终点时能够说:"从前你们的意思是要害我,但神的意思原是好的";即使约瑟并不全面了解为什么,但他的坚心信靠,是神能从坏事中带出好结果的唯一方法。

▌克服逆境

　　或许你现在正面临考验,或许你在某个情况中是无辜的一方和受害者,而错却不在你。想想约瑟的反应! 他首先不做的事就是"自怜"。你若是正处在困境或考验里头,最不能做的事就是自怜,这是沮丧的其中一个主要导因;通常我们处在严重的问题里面,自我形象低落时,就会开始自责、接着消沉、最后自怜。

　　约瑟没有那么做,他没有责怪自己;他所处的危机并不是他的错,他想办法现实地看待他的处境。当一条船面对

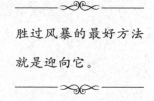

胜过风暴的最好方法就是迎向它。

风暴时，能够成功抗衡的方法就是迎风而立；你若是侧转船身，风暴就会倾覆它。我们的人生遇到风暴时，胜过风暴的最好方法就是迎向它；约瑟就是这么做的。

若是你因为正在经历考验而感到沮丧，老在问自己："为什么这会发生在我身上？"那就要特别留意这一点：沮丧时绝对不要做重大决定！通常我们沮丧时，很容易说："我要辞职！""我要搬家！""我要换工作！""我要离婚！"你在沮丧时绝对不要做重大决定，因为这种时候你的感觉很不可靠，你不能够做出正确判断；你的焦点模糊，你的视野扭曲。你反倒要迎向风暴，不要陷入自怜。

我们在约瑟的生平中看到另外一个特点：当这一切事情都出了差错，他并没有陷在苦毒里面。许多年之后，由于约瑟的哥哥们必须到埃及买粮，他们再次相见。当他们进到约瑟的屋里，在埃及的宰相面前下跪时，认不出这是他们的弟弟。

约瑟告诉哥哥们他是谁的时候，他们都很震惊和害怕。这是他们从前想要杀害的弟弟，如今却身处可操生杀大权的地位；但约瑟饶恕了他们，因为他知道，我们的人生担不起过量的苦毒。

当我们很想怨恨时，该怎么办？把它交给主！那是约瑟所做的，他保持对神的信心和盼望，相信事情终究会有好的结果；他继续过着属灵的生活。

当事情出了差错，我们可能拒绝最需要的那一位，就是我们的主。你的生活遇到困难时，你可能会说："神啊，祢为什么容许这样的事发生？"你可能反叛神，认为这都是祂的错。其实你反倒应该说："主啊，我把这个问题交给祢！"神能够把全然糟糕的景况翻转。别人想用这些景况来摧毁你，神却可以用它们来陶造你；祂喜欢把受苦的十字架转为荣耀的复活。

在危机中获得力量

圣经不仅给我们为何受苦的答案，也给我们受苦时实际的帮助和安慰；我们若是在人生中应用如下的力量来源，就不会因任何境遇而毁于一旦，也不会因任何危机而一蹶不振。

一、神的计划

我们在约瑟生平中看到的第一个力量来源是"神的计划"："我们晓得万事都互相效力,叫爱神的人得益处,就是按祂旨意被召的人"(罗八28)。这节经文并没有说每件事情都是好的,在这个世上有许多邪恶的事,而且神的心意并非一定被实现;但这节经文说,在基督徒的人生当中,神可以让万事(即使是坏事)都互相效力。

神没有抛弃你,祂将你最大的利益存放在心;祂会把你经历的一切,即使是可怕的遭遇,都用在你的人生中互相效力,长远带出更大的荣耀。神大过你所遭遇的任何困难;当然,你在恶劣的处境时,很难看到神怎样在其中作工,但之后回过头来,会更清楚地看到神做了什么,以及祂如何在你的人生中,以更大、更有意义的方式来使用这个遭遇。

当你了解这个真理,就可以反过来对当时给你难处的人说:"从前你的意思是要害我,但神的意思原是好的;从前你的意思是要破坏我,但神使用它来陶造我;从前你的意思是要拆毁我,但神使用它来使我更坚强、更成熟。"无论发生什么事，即使你打了败仗，但这场战争已经得胜，最后的结果在神手中；你若是给神机会，祂会让你反败为胜、从中得益。

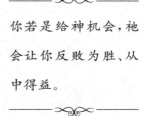

你若是给神机会，祂会让你反败为胜、从中得益。

二、神的应许

我们经历危机时，第二个力量来源是"神的应许"。在圣经里面有超过七千个应许，我们需要开始来宣告这些应许；它们就像空白支票，等着你来使用。

我建议你挑出几节经文，写在一些小卡片上，随身携带，背诵它们。有个人把经文卡片固定在车子挡风玻璃的遮阳板上，每次等红灯时，就把遮阳板翻下来，读一节经文，绿灯时就翻回去。他没有额外花时间，单是利用等红灯的闲散时刻，就背诵了几百节经文。你也可以把一些经文贴在浴室的镜子上，利用刮胡子或吹头发的时间来背诵它们。神的应许赐给我们盼望、力量和安慰。

"从前所写的圣经……叫我们因圣经所生的忍耐和安慰，可以得着盼望"（罗十五 4），我们需要做的，就是读神的应许,加以背诵,并凭信心宣告这些应许。

三、神的子民

我们经历危机时,第三个力量来源是"神的子民"。每个教会都应当是个关怀的团体,人们在其中彼此相爱、支援、代祷,一起欢笑、哭泣、担当,满足彼此的需要。神的心意是要教会成为稳固的支援体系,能够互相鼓励和帮助。

不过,我们若是互不相识,就无法成为一个支援体系;我们需要在教会中找到一个查经小组,参与在其中,定期地与其他组员见面、分享、祷告。我们这样做,就会发现别人也有同样的问题,因此可以互相鼓励;有人经历过同样或类似的问题,如今已经穿过隧道出来,他们可以伸出手来拉我们一把。

圣经说,神经常容许我们经历极大的考验和患难,之后祂就安慰我们,叫我们能用祂所赐的安慰,去安慰那遭各样患难的人(林后一 3~4);神用那样的方式使用我们,祂经常藉由其他的人来作工。

四、神的同在

危机中的第四个力量来源是"神在基督耶稣里的同在"，这是最大的一个力量来源。圣经说，耶稣基督是神的儿子，祂今日活着，你可以与祂有个别的关系。世界上有无以计数的活见证，证明基督的同在可以帮助我们历经任何境遇。

旧约里面约瑟的遭遇，正是新约里面耶稣的遭遇；他们都是为别人的好处而受苦。约瑟的受苦长远来说，使中东成千上万的人因他的存粮政策而得蒙拯救，免于饥荒；耶稣基督所做的是：祂虽完美无瑕，却为全人类死在十字架上，拯救我们免受可怕的罪果。

神给每个人自由意志，所以我们不是傀儡或机器人，神不会强迫人照祂的心意行事；但也因为这样，我们会因为有人任意犯罪而受到伤害。当我们将生命交给基督，并信靠祂，祂会帮助我们渡过每一个难关，并能看出祂最终如何让万事互相效力；"十字架"是神使用世人的作恶转而祝福人类的绝佳实例。

或许你曾经像约瑟一样，受到兄弟、姊妹、父母、配偶或男女朋友很深的伤害；若是这样，做约瑟所做的，不要陷入自怜或苦毒里面,反倒要把所有的一切交给耶稣基督,让祂从丑恶的景况中带出新鲜及美丽。

不过,你可能会想:"这不公平,我不应该受这种苦!"或者,你有个朋友陷入困境,你说:"发生这种事,真是不公平!"

我会回答,你绝对正确。这个世界上有许多不公平的事情发生,而这是为什么圣经说,末日来临时,将有一个审判日,神要报应、惩治所有那些伤害无辜的人,为受苦者伸冤。神必要在末日施行报应,但我们现今的责任是继续向前,看到神在我们人生中为了陶造我们所做的事,而不是让这些不公平的事来毁坏我们。

若是你经历的遭遇让你很想问:"为什么这事发生在我身上?"你要知道神在看顾,也为这样的事心痛。祂给人自由意志,并容许每个人自由作选择,所以,你要转向神的计划,看到你若是让祂动工,祂会把丑恶的景况转而用它成就美事;你要转向神的应许,并倚靠这些应许;你要转向神的子民,参与在一个温暖的教会里面来满足你的需要,也被神使用来满足别人的需要。最重要的是要转向基督的同在,并让祂进入你的生命。

　　这个故事的信息告诉我们：神可以充分利用最糟糕的景况！许多基督徒回顾他们的过去，说："真的是这样，我人生中的每件事都四分五裂，当我把生命交给基督，祂就把它们都拼凑在一起。"将你的生命交给耶稣基督，并不代表祂总是会把你从风暴里面救出来，但却意味着祂会赐你勇气和力量来走出风暴。在这个世界上并非每个人都能经历万事互相效力，唯有那些将生命全然交给神的人，祂才会让万事互相效力；只要你有所保留，就不会是这样。

　　所以，你需要相信基督，成为圣经所称的"重生"的基督徒。这是什么意思？你要做两件事，用两个简单的词来说明，就是"悔改"和"相信"。"悔改"意即改变，改变你对神和对罪的思考方式，这会带你转离黑暗进入光明，转离罪恶进入饶恕，转离自私并转向神。

　　然后你要"相信"，你相信神的儿子能够赦免你的罪，祂能够使你的生命更美好，祂要在你的生命中动工。祂对你有一个计划，你若给祂机会，祂就可以把所有的混乱和恶劣的景况，甚至是你的恼怒，都转而用来成就美事。你若是这么做，就能够在回顾的时候说：

"从前他们的意思是要害我,但神的意思原是好的;神使用我生命中不好的境遇来陶造我,使我成为更好的人,我要为此感谢祂!"

思想化为行动

1. 描述你人生中一个悲惨的境遇,结果却对你或他人成为美事。

2. 请举例说出,神的力量来源如何在你的人生中表现出来。

作者简介

华理克被誉为"美国最有影响力的属灵领袖"，他写的《标竿人生》（The Purpose Driven Life）一书，改变了全世界数百万人的生命。

他是加州橙县马鞍峰教会的创立牧师，这间教会是当今世界最大型、最著名的教会之一。他也创立了"目标导向运动"网络事工，连结160个国家各个宗派成千上万的教会，并在世界各地训练超过35万的牧者。他是《标竿人生》（The Purpose Driven Life）《直奔标竿》（The Purpose Driven Church）《我为何而生》（What on Earth Am I Here For?）《华理克读经法》（Rick Warren's Bible Study Methods）以及《改变生命大能》（God's Power to Change Your Life）《破解人生难题》（God's Answers to Life's Difficult Questions）等书作者。

内容简介 ────────────

对于人生的难题，圣经所提供的解答经得起时间的考验。你若是加以应用，这些实用的智慧将会带给你截然不同的人生；本书写作的目的就是要帮助你重获新生。

这不是深奥难明的核子物理学，而是浅显易懂的人生智慧。无论你是工厂劳工、专业人士、家庭主妇、高中学生、企业主管、抑或科技人才，圣经充满了与你境遇相似的真人真事；他们跟你一样，都面对着"如何处理沮丧"、"如何回应危机"、"如何逢凶化吉"、"如何排解孤寂"等类的问题。

华理克带你进入摩西、保罗、耶稣等十二个圣经人物的生活里面，向你指出他们如何以智慧和对神的信心来面对遭遇。你可以从这些人物故事获得具体、易懂的真知灼见，即刻应用在自己的人生当中。

这本书会为你开启更美好的人生，你虽然不会在一夕之间改变，但随着时日你会在忍耐和祷告中看到变化；你也会在这个过程中受到激励，因为神能够、也愿意帮助你得知被造的目的和意义。

图书在版编目(CIP)数据

破解人生难题/(美)华理克(Rick Warren)著;吴苏心美译.
—上海:上海三联书店,2013.11(2024.10 重印)
ISBN 978 - 7 - 5426 - 4311 - 7

Ⅰ.①破… Ⅱ.①华… ②吴… Ⅲ.①基督教—通俗读物
Ⅳ.①B821 - 49

中国版本图书馆 CIP 数据核字(2013)第 175874 号

破解人生难题
——12 个圣经榜样人物给你答案

著　　者 / 华理克
译　　者 / 吴苏心美

责任编辑 / 邱　红
装帧设计 / 周周设计局
监　　制 / 姚　军
责任校对 / 张大伟

出版发行 / 上海三联书店
　　　　　 (200041)中国上海市静安区威海路 755 号 30 楼
邮　　箱 / sdxsanlian@sina.com
联系电话 / 编辑部：021 - 22895517
　　　　　 发行部：021 - 22895559
印　　刷 / 上海展强印刷有限公司

版　　次 / 2013 年 11 月第 1 版
印　　次 / 2024 年 10 月第 13 次印刷
开　　本 / 850mm×1168mm　1/32
字　　数 / 75 千字
印　　张 / 5.5
书　　号 / ISBN 978 - 7 - 5426 - 4311 - 7/B · 296
定　　价 / 38.00 元

敬启读者,如发现本书有印装质量问题,请与印刷厂联系 021 - 66366565